AUSTRILIA SENIOR SCHOOL
MATHEMATICAL COMPETITION
QUESTIONS AND ANSWERS,
HIGH VOLUME, 1999—2005

# 澳大利亚中学
# 数学竞赛试题及解答

**高级卷**　　1999—2005

● 刘培杰数学工作室 编

哈尔滨工业大学出版社
HARBIN INSTITUTE OF TECHNOLOGY PRESS

## 内容简介

本书收录了 1999 年至 2005 年澳大利亚中学数学竞赛高级卷的全部试题,并且给出了这些试题的详细解答,其中有些题目给出了多种解法,以便读者加深对问题的理解并拓宽思路.

本书适合中学师生及数学爱好者参考阅读.

## 图书在版编目(CIP)数据

澳大利亚中学数学竞赛试题及解答. 高级卷. 1999—2005/刘培杰数学工作室编. — 哈尔滨:哈尔滨工业大学出版社,2019.5

ISBN 978 – 7 – 5603 – 7971 – 5

Ⅰ.①澳… Ⅱ.①刘… Ⅲ.①中学数学课 – 题解 Ⅳ.①G.634.605

中国版本图书馆 CIP 数据核字(2019)第 015676 号

| | | |
|---|---|---|
| 策划编辑 | 刘培杰 张永芹 | |
| 责任编辑 | 张永芹 邵长玲 | |
| 封面设计 | 孙茵艾 | |
| 出版发行 | 哈尔滨工业大学出版社 | |
| 社　　址 | 哈尔滨市南岗区复华四道街 10 号　邮编 150006 | |
| 传　　真 | 0451 – 86414749 | |
| 网　　址 | http://hitpress.hit.edu.cn | |
| 印　　刷 | 哈尔滨市石桥印务有限公司 | |
| 开　　本 | 787mm×960mm　1/16　印张 12.25　字数 130 千字 | |
| 版　　次 | 2019 年 5 月第 1 版　2019 年 5 月第 1 次印刷 | |
| 书　　号 | ISBN 978 – 7 – 5603 – 7971 – 5 | |
| 定　　价 | 28.00 元 | |

(如因印装质量问题影响阅读,我社负责调换)

## 目录

第1章　1999年试题　　//1

第2章　2000年试题　　//23

第3章　2001年试题　　//50

第4章　2002年试题　　//78

第5章　2003年试题　　//98

第6章　2004年试题　　//120

第7章　2005年试题　　//140

编辑手记　//162

# 第1章 1999年试题

**1.** $20 \div 0.2$ 等于( ).

A. 10　　　　B. 40　　　　C. 100

D. 400　　　E. 1 000

**解** $\dfrac{20}{0.2} = \dfrac{200}{2} = 100.$ 　　　　( C )

**2.** $3x^{-2}$ 等于( ).

A. $\dfrac{3}{x}$　　　　B. $\dfrac{9}{x^2}$　　　　C. $\dfrac{3}{x^2}$

D. $\dfrac{1}{3x^2}$　　　E. $\dfrac{1}{9x^2}$

**解** $3x^{-2} = 3 \times \dfrac{1}{x^2} = \dfrac{3}{x^2}.$ 　　　( C )

**3.** 如图1，$\triangle PQR$ 代表一个滑水道的侧视图. $RQ$ 的长度按米计，请问可以由以下哪一个给出？( )

A. $\dfrac{2}{\tan 17°}$　　B. $2\tan 17°$　　C. $2\cos 73°$

D. $\dfrac{1}{2\cos 73°}$　　E. $\dfrac{2}{\sin 17°}$

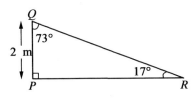

图1

**解** 注意到 $\dfrac{PQ}{RQ} = \sin 17°$.

于是 $\dfrac{RQ}{2} = \dfrac{1}{\sin 17°}$.

给出 $RQ = \dfrac{2}{\sin 17°}$. ( E )

**4.** $\dfrac{1}{2} + \dfrac{1}{4} + \dfrac{1}{5} + \dfrac{1}{6} - \dfrac{1}{5} + \dfrac{1}{2} + \dfrac{5}{6} + \dfrac{3}{4}$ 的值等于( ).

A. 4  B. 3  C. $2\dfrac{2}{3}$

D. $3\dfrac{2}{3}$  E. $2\dfrac{5}{6}$

**解** $\dfrac{1}{2} + \dfrac{1}{4} + \dfrac{1}{5} + \dfrac{1}{6} - \dfrac{1}{5} + \dfrac{1}{2} + \dfrac{5}{6} + \dfrac{3}{4}$

$= \left(\dfrac{1}{2} + \dfrac{1}{2}\right) + \left(\dfrac{1}{4} + \dfrac{3}{4}\right) + \left(\dfrac{1}{5} - \dfrac{1}{5}\right) + \left(\dfrac{1}{6} + \dfrac{5}{6}\right)$

$= 1 + 1 + 0 + 1$

$= 3$ ( B )

**5.** 若 $\tan y = 3$ 且 $\cos y$ 是负的,则( ).

A. $\sin y = \dfrac{3}{\sqrt{10}}$  B. $\cos y = -\dfrac{1}{3}$  C. $\tan^2 y = \sqrt{3}$

D. $\cos^2 y = -\dfrac{1}{10}$  E. $\sin y = -\dfrac{3\sqrt{10}}{10}$

**解** 由于 $\tan y = 3$ 和 $\cos y < 0$,故 $180° < y <$

第1章　1999年试题

$270°$. 若 $\tan y = 3$,则 $\cos y = -\dfrac{1}{\sqrt{10}}$ 且

$$\sin y = -\dfrac{3}{\sqrt{10}} = -\dfrac{3\sqrt{10}}{10} \qquad (\ E\ )$$

**6.** 如果 $\dfrac{1}{x} + \dfrac{1}{y} = 10$ 且 $x + y = 2$,请问 $xy$ 的值是( ).

A. $\dfrac{1}{5}$ 　　　　B. 1 　　　　C. 2

D. 5 　　　　E. 10

**解**

$$\dfrac{1}{x} + \dfrac{1}{y} = 10$$

$$\dfrac{y+x}{xy} = 10$$

$$\dfrac{2}{xy} = 10$$

$$xy = \dfrac{1}{5} \qquad (\ A\ )$$

**7.** $3x^2 \leqslant 5x$ 的解是( ).

A. $0 \leqslant x \leqslant \dfrac{3}{5}$ 　　B. $x \geqslant \dfrac{5}{3}$ 　　C. $x \geqslant 0$

D. $x \leqslant \dfrac{5}{3}$ 　　E. $0 \leqslant x \leqslant \dfrac{5}{3}$

**解**

$$3x^2 \leqslant 5x$$
$$3x^2 - 5x \leqslant 0$$
$$x(3x-5) \leqslant 0$$

这种情形出现仅当 $x \geqslant 0$ 且 $3x - 5 \leqslant 0$,即当 $0 \leqslant x \leqslant \dfrac{5}{3}$. 　　　　( E )

3

**8.** 如果$(4,1)$是从$(x,-2)$到$(5,y)$的连线之中点,$xy$的值就是( ).

A. 0　　　　B. 6　　　　C. $-3$

D. $-10$　　E. 12

**解** 若$(4,1)$是$(x,-2)$和$(5,y)$的连线的中点,则

$$\frac{x+5}{2}=4, x=3$$

$$\frac{y-2}{2}=1, y=4$$

故$xy=3\times 4=12.$　　　　( E )

**9.** $\dfrac{\sqrt{7}+\sqrt{5}}{\sqrt{3}+\sqrt{5}}+\dfrac{\sqrt{3}-\sqrt{5}}{\sqrt{7}-\sqrt{5}}$等于( ).

A. 0　　　　B. 1　　　　C. $\dfrac{10}{\sqrt{21}}+2$

D. $\dfrac{10}{\sqrt{21}}$　　E. $\dfrac{1}{2}$

**解** 表达式$=\dfrac{\sqrt{7}+\sqrt{5}}{\sqrt{3}+\sqrt{5}}+\dfrac{\sqrt{3}-\sqrt{5}}{\sqrt{7}-\sqrt{5}}$

$$=\frac{(\sqrt{7}+\sqrt{5})(\sqrt{5}-\sqrt{3})}{(\sqrt{5}+\sqrt{3})(\sqrt{5}-\sqrt{3})}+$$

$$\frac{(\sqrt{3}-\sqrt{5})(\sqrt{7}+\sqrt{5})}{(\sqrt{7}-\sqrt{5})(\sqrt{7}+\sqrt{5})}$$

$$=\frac{0}{2}=0 \quad\quad\quad ( A )$$

**10.** 回文数是一个从前面读起和从后面读起为同样的数,例如141.在一次开车旅行途中,驾驶员注意

第1章 1999年试题

到里程表按公里数显示出回文数35 953.75 min后,里程表显示出下一个回文数.在这两个回文读数之间,汽车的平均速度为每小时(    ).

A. 88 km    B. 110 km    C. 99 km

D. 73.5 km    E. 84 km

**解** 下一个回文数是36 063,即再开110 km以后,所花费的时间是$1\frac{1}{4} = \frac{5}{4}$(h).

于是平均速度是

$$110 \div \frac{5}{4} = \frac{440}{5} = 88 \qquad (\text{A})$$

**11.** $\left(90\frac{1}{4}\right)^{\frac{1}{2}} - \left(91\frac{1}{8}\right)^{\frac{1}{3}}$的值等于(    ).

A. 4    B. 5    C. 6

D. 7    E. 8

**解** $\left(90\frac{1}{4}\right)^{\frac{1}{2}} - \left(91\frac{1}{8}\right)^{\frac{1}{3}} = \left(\frac{361}{4}\right)^{\frac{1}{2}} - \left(\frac{729}{8}\right)^{\frac{1}{3}}$

$$= \frac{19}{2} - \frac{9}{2} = 5$$

(B)

**12.** 在图2中,$X$是边$PQ$的中点,$Y$是边$PR$的中点且$Z$是$PX$的中点. $\triangle YZQ$的面积是21 cm². $\triangle PQR$的面积为(    ).

A. 56 cm²    B. 49 cm²    C. 42 cm²

D. 63 cm²    E. 50 cm²

5

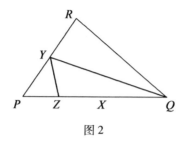

图 2

**解** △PYQ 和 △ZYQ 有同样的高,因此它们的面积与它们的底成比例.

所以

$$\frac{\triangle PYQ \text{ 的面积}}{\triangle ZYQ \text{ 的面积}} = \frac{4}{3}$$

$$\triangle PYQ \text{ 的面积} = \frac{4}{3} \times 21 = 28$$

又 △PQR 和 △PYQ 有同样的高,故它们的面积与它们的底成比例.

所以

$$\frac{\triangle PQR \text{ 的面积}}{\triangle PYQ \text{ 的面积}} = \frac{RP}{YP} = \frac{2}{1}$$

$$\triangle PQR \text{ 的面积} = 2 \times 28 = 56 \quad (\text{ A })$$

**13.** 如果 $x^2 + bx + 36 = 0$ 的解都是整数,请问有多少个可能的整数 $b$ 值?( )

A. 6     B. 7     C. 8

D. 9     E. 10

**解** 若 $x^2 + bx + 36 = 0$ 的解都是整数,则方程具有形式

$$(x - m)(x - n) = 0$$

其中 $m,n$ 是整数.

显然 $m,n$ 两者都为正或都为负.

现在 $mn=36$,所以 $(m,n)$ 可能的正值是 $(1,36)$, $(2,18)$,$(3,12)$,$(4,9)$,$(6,6)$,$(9,4)$,$(12,3)$,$(18,2)$,$(36,1)$.

这给出 $b=m+n$ 的值为 $37,20,15,13,12,13,15,20,37$,即对 $b$ 的 5 个不同值 $(12,13,15,20,37)$.

类似地,当 $m,n$ 都是负数时,也有 $b$ 的 5 个值 $(-12,-13,-15,-20,-37)$.

所以 $b$ 的可能的值有 10 个. ( E )

**14.** 一个盒子中有 9 颗形状相同的宝石.其中 4 颗是钻石而其他 5 颗则不是.小田蒙住眼睛任意从中取两颗.小田至少取得一颗钻石的概率是( ).

A. $\dfrac{4}{9}$     B. $\dfrac{56}{81}$     C. $\dfrac{11}{18}$

D. $\dfrac{2}{3}$     E. $\dfrac{13}{18}$

**解** 她全然没取到钻石的概率是

$$\dfrac{5}{9}\times\dfrac{4}{8}=\dfrac{5}{18}$$

所以她取到至少一颗钻石的概率是

$$1-\dfrac{5}{18}=\dfrac{13}{18}$$  ( E )

**15.** $y=|x|+|x-1|$ 的图形是( ).

A.   B.   C.

D.  E.

**解** 对 $x \leq 0$，$|x|+|x-1| = -x-x+1 = -2x+1$.

对 $0 \leq x \leq 1$，$|x|+|x-1| = x+1-x = 1$.

对 $x \geq 1$，$|x|+|x-1| = x+x-1 = 2x-1$.

满足上面的仅有选项 E.　　　　　( E )

**16.** 在一村庄的赶集日，7 个菠萝的价值是 9 根香蕉和 8 个杧果的总值，同时 5 个菠萝的价值是 6 根香蕉和 6 个杧果的总值. 在同一天，1 个菠萝的价值和以下哪一项相同？(　　)

A. 两个杧果　　　　　B. 1 根香蕉和两个杧果

C. 3 根香蕉和 1 个杧果　D. 1 根香蕉和 1 个杧果

E. 4 根香蕉

**解** 设菠萝、香蕉和杧果分别值 $p, b$ 和 $m$ 单位. 则

$$7p = 9b + 8m \qquad (1)$$
$$5p = 6b + 6m \qquad (2)$$

$(1) \times 2$

$$14p = 18b + 16m \qquad (3)$$

$(2) \times 3$

$$15p = 18b + 18m \qquad (4)$$

$(4)-(3)$ $\qquad p = 2m$

所以一个菠萝值两个杧果.

由于有具有三个变量的两个方程，我们必须检验

每个其他的备选项去排除其可能性.

如果 $b = 2x$,则 $m = 3x$ 且 $p = 6x$. 其他的备选项因而是 $b + 2m = 8x, 3b + m = 9x, b + m = 5x$ 和 $4b = 8x$,都不等于 $6x$. ( A )

**17.** 若 $\sqrt{2} = 1 + \cfrac{1}{2 + \cfrac{1}{2+x}}$,则 $x$ 等于(　　).

A. $\sqrt{2} - 2$    B. $\sqrt{2} + 2$    C. $\sqrt{2}$

D. $\sqrt{2} + 1$    E. $\sqrt{2} - 1$

**解** 现在
$$\frac{1}{2 + \frac{1}{2+x}} = \sqrt{2} - 1$$

所以
$$2 + \frac{1}{2+x} = \frac{1}{\sqrt{2}-1} = \frac{\sqrt{2}+1}{2-1} = \sqrt{2} + 1$$

且
$$\frac{1}{2+x} = \sqrt{2} - 1$$

且
$$2 + x = \frac{1}{\sqrt{2}-1} = \sqrt{2} + 1$$

因此 $x = \sqrt{2} - 1$. ( E )

**18.** 如图 3,半径为 1,2 和 3 单位的三个球两两互相相切. 请问联结它们的球心的三角形的面积是多少平方单位?(　　)

A. $2\pi$    B. $3\sqrt{2}$    C. $2\sqrt{6}$

D. 6    E. $\sqrt{60}$

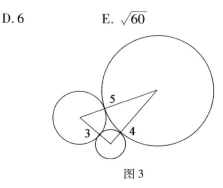

图 3

**解** 由于这些球相切,球心间的距离分别是 $1+2=3, 1+3=4$ 和 $2+3=5$.

于是这三个球心构成边长为 3,4 和 5 的直角三角形.

因此,三角形的面积 $=\frac{1}{2} \times 3 \times 4 = 6.$ (  D  )

19. 一个数列按照以下的方式构成:写出这个整数重复它所对应数的次数,如 1,2,2,3,3,3,4,4,4,4,5,5,5,5,5,…,这个数列中的第 800 项是(    ).

A. 39    B. 40    C. 41
D. 42    E. 43

**解** 在数列 1,2,2,3,3,3,4,4,4,4,… 中,第 1 项是 1,第 $1+2$ 项是最后一个 2,第 $1+2+3$ 项是最后一个 3,第

$$1+2+3+\cdots+n = \frac{n}{2}(n+1)$$

项是最后一个 $n$.

所以我们需要 $\frac{n}{2}(n+1) \approx 800, n^2+n \approx 1\,600,$ 所

第1章　1999年试题

以 $n$ 将在 40 左右.

现在

$$1 + 2 + 3 + \cdots + 40 = \left(\frac{40}{2}\right)(41) = 820$$

$$1 + 2 + 3 + \cdots + 39 = \left(\frac{39}{2}\right)(40) = 780$$

因此,第 780 项是最后一个 39,且第 800 项必是 40.

( B )

20. 100 人排成一列,要求他们每次都从第 1 人开始由一至五报数,如"1,2,3,4,5,1,2,3,4,5". 所有报到"5"的人出列,如此继续下去直到最后剩下 4 人为止. 最后离开的那个人的原来是排在第( ).

A. 94 位　　　B. 96 位　　　C. 97 位

D. 98 位　　　E. 99 位

**解**　第一轮出列后,100 - 20 = 80 人剩下,第二轮后,80 - 16 = 64 人留下且如此继续.

从这个过程,我们得到

$$100 - 20 = 80^*, 80 - 16 = 64^*, 64 - 12 = 52$$
$$52 - 10 = 42, 42 - 8 = 34$$
$$34 - 6 = 28, 28 - 5 = 23, 23 - 4 = 19$$
$$19 - 3 = 16, 16 - 3 = 13$$
$$13 - 2 = 11, 11 - 2 = 9$$
$$9 - 1 = 8, 8 - 1 = 7$$
$$7 - 1 = 6, 6 - 1 = 5, 5 - 1 = 4^*$$

所以在这个过程进行 17 次后有 4 人剩下.

我们能看出在每一阶段,如果这列中最后一人出列,则该列中的人数被 5 整除,且这发生于打 * 的那三个阶段.

于是居于100位的那个人在第一轮出列,第99位的人在第二轮出列,且第98位的人最后出列.因此最后出列的人是原来位于第98位的那一个. ( D )

21. 正整数 $a,b$ 和 $c$,当 $a \geq 3$ 和 $b \geq 3$ 时满足 $\frac{1}{a} + \frac{1}{b} = \frac{1}{c} + \frac{1}{2}$,则 $c$ 能取的不同值的个数是( ).

A. 2　　　　B. 3　　　　C. 4

D. 5　　　　E. 大于 5

**解** 我们不能同时有 $a > 3$ 和 $b > 3$ 两者.因为这就表示 $a \geq 4$ 和 $b \geq 4$. 这导致结果

$$\frac{1}{a} + \frac{1}{b} = \frac{1}{4} + \frac{1}{4} = \frac{1}{2}$$

而 $c$ 将无正整数值.

如 $a = 3$,则

$$\frac{1}{c} = \frac{1}{b} - \frac{1}{6} = \frac{6-b}{6b}$$

因此,$b$ 仅能取值 $3,4,5$,因为 $6$ 或更大的值将不能使 $c$ 为正整数.

当 $b = 3,4,5$,$c$ 的对应值是 $6,12,30$.

当 $b = 3$,由对称性 $a = 3,4,5$ 且 $c$ 取同样的值的集合,即对 $c$ 刚好有三个可能的值. ( B )

22. 正整数 $n$ 的函数 $f(n)$ 对所有 $n \geq 1$ 有以下性质
$$f(n+2) = f(n+1) - f(n)$$
当 $n$ 为所有正整数时,请问 $f(n)$ 最多能有多少个不同的值?( )

A. 3     B. 4     C. 5
D. 6     E. 7

**解**  设 $f(1)=a, f(2)=b$ 且 $f(n+2)=f(n+1)-f(n)$,则

$$f(3)=f(2)-f(1)=b-a$$
$$f(4)=f(3)-f(2)=-a$$
$$f(5)=f(4)-f(3)=-b$$
$$f(6)=f(5)-f(4)=-b+a$$
$$f(7)=f(6)-f(5)=a$$
$$f(8)=f(7)-f(5)=b$$

所以,我们现在有 $f(n+6)=f(n)$ 对所有 $n\geqslant 1$.

例如,如果 $a=b=0$,则只有一个值 0.

为证明 6 个值能出现,令 $a=4, b=5$,则这些值是 $4,5,1,-4,-5,-1,4,5,1$ 且继续下去.  ( D )

23. 在图 4 中, $X$ 和 $Y$ 是半径为 1 单位的两个圆的圆心,且面积 $P=$ 面积 $Q$. $XY$ 的长度为(    ).

A. 1.5     B. $\dfrac{\pi}{4}$     C. $\dfrac{\pi}{2}$
D. 1.4     E. 1.6

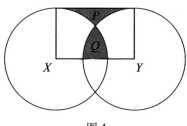

图 4

**解**  如图 5 所示,设半径是 $XX'$ 和 $YY'$. 设 $XL=$

$a$,则 $LM = 1 - a$ 且 $MY = a$. 现在由于面积 $P$ = 面积 $Q$,我们有面积 $A$ + 面积 $Q$ = 圆的 $\frac{1}{4} = \frac{\pi}{4}$.

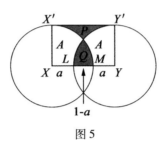

图 5

由矩形 $XX'Y'Y$ 的面积,我们得
$$2 \times (A + P) = 1 \times (a + 1 - a + a)$$
$$= 1 + a = \frac{\pi}{2}$$
$$a = \frac{\pi}{2} - 1$$

所以,$XY = 1 + a = \frac{\pi}{2}$.   ( C )

**24**. 小伯和小马绕一个湖慢跑. 小伯每 6 min 跑完一圈,而小马每 8 min 跑一圈. 每跑完一圈后,小伯休息 1 min,而小马休息 2 min. 休息后他们立即再继续慢跑. 如果他们同时同地同向开始出发慢跑,他们下一次相遇是出发后的(    ).

A. 17 min    B. 20 min    C. 30 min

D. 40 min    E. 70 min

**解**  如果我们在同一圈上画小伯和小马两人在一定时间内跑的圈数的图形,我们能看到当第一次他们之间的差是一圈时,他们将相遇在一起.

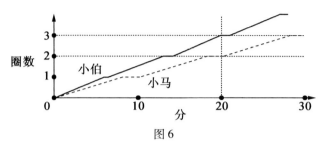

图6

考察其中有他们之间的间隔的图形(图6),铅直虚线处显示 20 min 后的一瞬间他们精确地相距一圈因而相遇在一起,这也能容易地检验,注意到

$$20 = 6 + 1 + 6 + 1 + 6 = 8 + 2 + 8 + 2$$

( B )

25. 四个刚性杆在其端点用活动接头连接在一起构成如图7所示的一个四边形. 杆 $PQ$, $QR$ 和 $RS$ 都是 10 cm 长且杆 $PS$ 是 20 cm 长. 转动接头能使得 $QR$ 的中点与点 $P$ 最接近,这最接近的距离是(    ).

A. 5 cm  B. $5\sqrt{3}$ cm  C. 10 cm

D. $5\sqrt{2}$ cm  E. $5\sqrt{5}$ cm

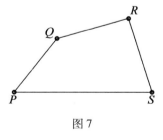

图7

**解** 当 $R$ 与 $P$ 尽可能接近时,即当 $R$ 接触杆 $PS$ 时,$QR$ 的中点 $X$ 将与 $P$ 最近. 于是 $\triangle PQR$ 是等边的

(图8).

最小距离 $PX$ 则由下式给出

$$PX = 10\cos 30°$$
$$= 10\frac{\sqrt{3}}{2}$$
$$= 5\sqrt{3} \qquad (\ B\ )$$

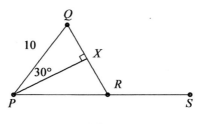

图8

**26.** 记号 $[x]$ 表示不大于 $x$ 的最大整数. 例如 $[3.5] = 3$ 且 $[5] = 5$. 请问有多少个整数 $x$ 位于 $0$ 和 $500$ 之间且满足 $x - [x^{\frac{1}{2}}]^2 = 10$?(　　).

A. 17　　　　B. 18　　　　C. 19

D. 20　　　　E. 21

**解** 设 $x = n^2 + 10$,这里 $n$ 是整数.

则 $n^2 + 10 - [(n^2 + 10)^{\frac{1}{2}}]^2 = 10$ 当且仅当

$$[(n^2 + 10)^{\frac{1}{2}}]^2 = n^2$$

即

$$n^2 + 10 < (n + 1)^2$$
$$n^2 + 10 < n^2 + 2n + 1$$
$$2n > 9$$
$$n \geqslant 5$$

但是也有
$$n^2 + 10 < 500$$
$$n^2 < 490$$
$$n \leqslant 22$$
因而符合的整数 $x$ 的个数等于从 5 到 22(含两端)的整数的个数,即 18 个. ( B )

27. 一个用金属线构造的角锥.其顶点为 $PQRST$.其中 $PQRS$ 是它的一个面,$PQ = 9, QR = 7, RS = 11, ST = 8$ 且 $TP = 7$.一个球与每一条棱 $PQ, QR, RS, ST$ 和 $TP$ 都相切.如果这个球与 $PQ$ 相切于点 $X$,则 $PX$ 的长度是( ).

A. 1      B. 3      C. 4
D. 6      E. 7

**解** 如图 9,假设这个球面分别与 $PQ, QR, RS, ST$ 和 $TP$ 相切于 $X, B, C, D$ 和 $E$.

考虑包含 $P, X, Q, B$ 和 $R$ 的平面 Ⅱ. Ⅱ 与这个球面相交在一小圆(不通过这球的球心)且 $QXP, QBR$ 与这球相切,故 $QX = QB$. 类似地 $RB = RC$ 也如此,等等.

设 $PX = x$,则
$$QX = QB = PQ - x = 9 - x$$

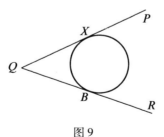

图 9

$$RB = RC = QR - QB = 7 - (9 - x) = x - 2$$
$$SC = SD = RS - RC = 11 - (x - 2) = 13 - x$$
$$TD = TE = ST - SD = 8 - (13 - x) = x - 5$$
$$PE = TP - TE = 7 - (x - 5) = 12 - x$$
但 $PX = PE$,故 $x = 12 - x, x = 6$. （ D ）

**28**. 如图 10,九个点 $P,Q,R,S,\cdots,W,X$ 等距地位于一圆周上,其顶点属集合 $\{P,Q,R,S,\cdots,W,X\}$ 且使得此圆圆心落在其内部的不同三角形的个数是( ).

A. 14 个     B. 21 个     C. 30 个

D. 42 个     E. 48 个

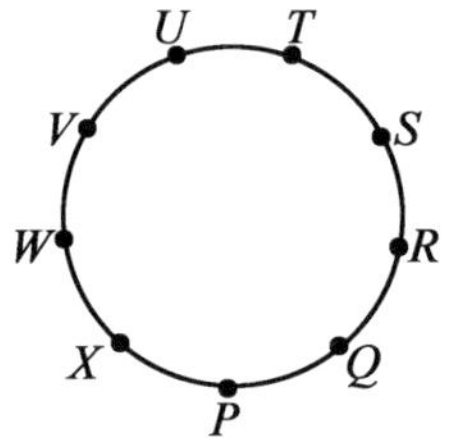

图 10

**解法 1** 固定点 $P$ 作为这样一个三角表的一个顶点. 则

通过 $X$ 有 1 个这样的 $\triangle PXT$;

过 $W$ 有 2 个这样三角形( $\triangle PWT, \triangle PWS$);

过 $V$ 有 3 个这样三角形( $\triangle PVT, \triangle PVS, \triangle PVR$);

过 $U$ 有 4 个这样三角形( $\triangle PUT, \triangle PUS, \triangle PUR, \triangle PUQ$).

故过 $P$ 有 $1 + 2 + 3 + 4 = 10$ 个这样的三角形.

有 9 个点每个点具有 10 个这样的三角形,但每个

三角形计数三次,所以不同的三角形个数是

$$\frac{10 \times 9}{3} = 30 \qquad ( \text{ C } )$$

**解法 2** 由于有 9 个点,这些三角形可以有长度为 $a = PX, b = PW, c = PV, d = PU$ 的边.

为了包含该圆的中心,这些三角形可以有边 $d,d,a$ 或 $b,c,d$ 或 $c,c,c$.

以 $d,d,a$ 为边的三角形个数是 9;

以 $b,c,d$ 为边的三角形个数是 18;

以 $c,c,c$ 为边的三角形个数是 3;给出总数 30.

29. 有一款由足球俱乐部发售的纪念巧克力棒,每小盒包装内都放置有四张不同号码的球员照卡片,而每位队员都有自己唯一的号码. 小翰买了一盒巧克力棒,取出四张卡片且把它们面朝下放在桌面上,大家都无法看见卡片上的号码. 小吉从中选取三张,将卡片上的号码相加从宣称其和为 14,并将卡片放回原桌面;小芬也从中选取三张后宣称其和为 18;而小彬从中选取三张后宣称其和为 19. 请问这盒巧克力棒内四张卡片所有可能的球员照的组合有多少种?(　)

A. 1　　　　B. 3　　　　C. 4

D. 5　　　　E. 6

**解** 设这些卡片上的号码是 $a,b,c,d$. 我们感兴趣的是不同的四元组 $\{a,b,c,d\}$.

这三人所做的三个陈述能表示成

$$a + b + c = 14 \qquad (1)$$
$$a + b + d = 18 \qquad (2)$$
$$b + c + d = 19 \qquad (3)$$

(3) - (2) 给出 $c = a + 1$ 且 (3) - (1) 给出 $d = a + 5$.

因而由 (1), $b = 14 - a - a - 1 = 13 - 2a$, 所以 $a$ 的值决定 $b, c$ 和 $d$ 的值

| | | | |
|---|---|---|---|
| $a = 1$ | $d = 6$ | $c = 2$ | $b = 11$ |
| $a = 2$ | $d = 7$ | $c = 3$ | $b = 9$ |
| $a = 3$ | $d = 8$ | $c = 4$ | $b = 7$ |
| $a = 4$ | $d = 9$ | $c = 5$ | $b = 5$* |
| $a = 5$ | $d = 10$ | $c = 6$ | $b = 3$ |
| $a = 6$ | $d = 11$ | $c = 7$ | $b = 1$ |
| $a = 7$ | $d = 12$ | $c = 8$ | $b = -1$* |

显然, 如果 $a \geq 7$ 则 $b < 0$, 又 $a = 4$ 时 $b$ 和 $c$ 的值相同, 剩下的 5 种四元组 $\{1,2,6,11\}, \{1,6,7,11\}, \{2,3,7,9\}, \{3,4,7,8\}$ 和 $\{3,5,6,10\}$ 是不同的. ( D )

**30.** 如图 11, 当半径为 10 cm 的三个球放入一个半球形碗中时, 注意到这三个球的顶端与该碗的顶端都精确地处于同一个水平. 请问这个碗的半径是多少厘米? ( )

A. 30 cm  
B. $10\left(1 + \sqrt{\dfrac{7}{3}}\right)$ cm  
C. $10(\sqrt{3} + 1)$ cm  
D. $10(\sqrt{2} + 1)$ cm  
E. 25 cm

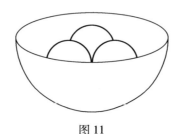

图 11

**解** 考虑与较大半球碗相切的较小球之一.它们在 $T$ 有公切线且此切线的在 $T$ 的垂直线通过这球和半球分别的球心 $L$ 和 $O$(图12).

点 $P$ 是这球面上的点且处于碗顶的水平面上,且 $\angle OPL$ 是直角.

则
$$r = OL + LT = OL + 10$$

从 $\mathrm{Rt}\triangle OPL$,我们也得到
$$OL^2 = OP^2 + PL^2 = OP^2 + 100 \qquad (1)$$

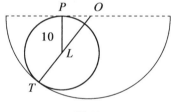

图 12

如图13,考虑这碗的从上往下看的俯视图.点 $P$,$Q$ 和 $R$ 垂直地在这三个球的球心上面,构成一个等边三角形以 $O$ 作为它的中心.设 $S$ 是碗顶部一个点,垂直地在其中心分别垂直地在 $P$ 和 $Q$ 下面的两个球的交点之上.

联结 $OP$ 和 $OS$.则 $\angle OSP$ 是直角,且 $\angle OPS = 30°$,因此
$$\frac{10}{OP} = \cos 30° = \frac{\sqrt{3}}{2}$$

故

$$OP = \frac{20}{\sqrt{3}}$$

再者由(1)

$$OL^2 = \frac{400}{3} + 100$$

$$= \frac{700}{3}$$

$$OL = \frac{10\sqrt{7}}{\sqrt{3}}$$

因而 $r = 10 + OL = 10\left(1 + \sqrt{\frac{7}{3}}\right).$  ( B )

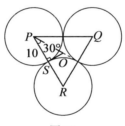

图 13

# 第 2 章  2000 年试题

**1.** 如果 $k=4, m=-0.4$ 且 $t=4.4$，则 $\dfrac{k-m}{2t}$ 的值是( )．

A. 1　　　B. $\dfrac{1}{2}$　　　C. $\dfrac{9}{11}$

D. $\dfrac{9}{22}$　　　E. 4.2

**解** $\dfrac{k-m}{2t}=\dfrac{4-(-0.4)}{2\times 4.4}=\dfrac{4.4}{2\times 4.4}=\dfrac{1}{2}.$

( B )

**2.** 必须将 $\dfrac{2}{3}$ 加上多少才能等于 $\dfrac{3}{2}$？( )

A. $\dfrac{5}{6}$　　　B. $\dfrac{13}{6}$　　　C. $-\dfrac{5}{6}$

D. $-\dfrac{13}{6}$　　　E. 0.84

**解**
$$x+\dfrac{2}{3}=\dfrac{3}{2}$$
$$x=\dfrac{3}{2}-\dfrac{2}{3}=\dfrac{9-4}{6}$$
$$=\dfrac{5}{6}$$

( A )

**3.** 若 $2^x=10$，则 $32^x$ 等于( )．

A. 1 000       B. 10 000       C. 3 200
D. 6 400       E. 100 000

**解** $32^x = (2^5)^x = (2^x)^5 = 10^5 = 100\,000$.

( E )

**4.** 在图 1 中, $y - x$ 等于(　　).

A. 60       B. 40       C. 30
D. 70       E. 110

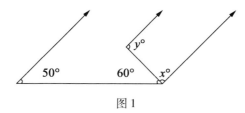

图1

**解** 现在 $50 + 60 + x = 180$(余内角补),所以 $x = 70$. $x + y = 180$,所以 $70 + y = 180$ 且 $y = 110$, $y - x = 110 - 70 = 40$.

( B )

**5.** 如果 $x$ 是整数,请问以下哪一项必定是奇数？
(　　)

A. $\sqrt{x}$       B. $2x$       C. $x^2$
D. $4x - 1$       E. $x^2 - 1$

**解** 由于 $4x$ 必是偶数, $4x - 1$ 必是奇数,所有其余的可以是偶数.

( D )

**6.** 按图 2 中所示的方法继续拼砌. 请问用 87 支火柴棒共可以拼出多少个三角形？(　　).

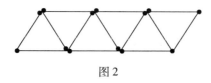

图2

A. 29      B. 43      C. 58

D. 86      E. 87

**解** 第一个三角形需要 3 支火柴棒,以后每增加一个三角形需要再加 2 支火柴棒.

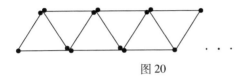

图 20

现在 $87 = 3 + 84 = 3 + (2 \times 42)$,故有 $1 + 42 = 43$ 个三角形. ( B )

**7.** 图 3 中有四条弦,每一条弦都把大圆分割成两个面积比例为 1:3 的区域,而且这些弦的交点是一个正方形的顶点. 这些弦把圆分割成 9 个区域,则区域 $P$ 的面积与经过此正方形四个顶点的圆的面积之比为( ).

A. 1:4      B. $1:\sqrt{2}$      C. 1:2

D. $1:\pi$      E. $1:2\pi$

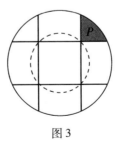

图 3

**解** 设如图 4 所示的这些区域的面积是 $P, Q$ 和

$S$,且大圆面积是 $A$. 由于每条弦将这圆的面积分割成比例 $1:3$,我们得

$$4P + 2Q = \frac{1}{2}A \qquad (1)$$

$$2Q + S = \frac{1}{2}A \qquad (2)$$

(1) - (2)

$$4P - S = 0$$

于是

$$P = \frac{1}{4}S$$
$$= \frac{1}{4}x^2$$

这里 $x$ 是正方形 $S$ 的边长.

现在如果 $r$ 是较小的(虚线的)圆的半径,则 $2r^2 = x^2$. 于是较小圆的面积是 $\pi r^2 = \frac{\pi}{2}x^2$.

于是面积 $P$ 与较小圆的面积之比是

$$\frac{1}{4}x^2 : \frac{\pi}{2}x^2 = 1 : 2\pi \qquad (\ E\ )$$

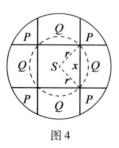

图 4

**8.** 如图 5,$PQRS$ 是一梯形,$PQ \parallel SR$,$SP = SR$ 且

$PQ = PR$. 如果 $\angle PQR = 70°$，则 $\angle PSR$ 等于(　　).

A. $100°$　　B. $110°$　　C. $120°$

D. $130°$　　E. $140°$

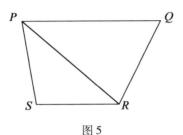

图 5

**解** 如图 6，因 $\angle PQR = 70°$，我们有 $\angle SRQ = 180° - 70° = 110°$，且因 $PQ = PR$，我们也有 $\angle PRQ = \angle PQR = 70°$，因而 $\angle SRP = 110° - 70° = 40°$. 因 $PS = SR$，推断出

$$\angle PSR = 180° - 2\angle SRP = 180° - 2 \times 40° = 100°$$

(　A　)

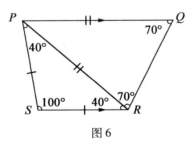

图 6

**9.** 若 $a, b, c$ 可以用任意整数代入，请问下列何者不可能是 24 的表达式?(　　)

A. $ab^3$　　B. $a^2b^3$　　C. $a^cb^c$

D. $ab^2c^3$　　E. $a^bb^cc^a$

**解** 选项 A 是可能的,因为若 $a = 3$ 和 $b = 2$,则 $ab^3 = 24$. 选项 C 是可能的,因为若 $a = 3, b = 8$ 和 $c = 1$,则 $a^c b^c = 24$. 对于选项 D,$a = 3, b = 1$ 和 $c = 2$ 推断出 $ab^2 c^3 = 24$,而对于选项 E,若 $a = 1, b = 2$ 和 $c = 3$,则 $a^b b^c c^a = 24$.

另一方面,假设 $24 = a^2 b^3$ 且 $a$ 和 $b$ 是正整数. 由于 $3^3 = 27 > 24$,我们有 $b = 1$ 或 $b = 2$. 若 $b = 1$,则 $a^2 = 24$,若 $b = 2$,则 $a^2 = 3$. 这两者都不是平方数,所以 $a^2 b^3$ 不可能是 24 的一种表达式. ( B )

**10**. 如图 7,$PQRST$ 是正五边形且 $PU \perp PT$. $\angle QUP$ 的度数是( ).

A. $36°$  B. $54°$  C. $64°$
D. $72°$  E. $74°$

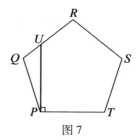

图 7

**解** 五边形的内角和是
$$5 \times 180° - 360° = 540°$$
由于这个五边形是正五边形,每个内角是 $\left(\dfrac{540°}{5}\right) = 108°$.

现在
$$\angle QPU = 108° - 90° = 18°$$

且
$$18° + 108° + \angle QUP = 180°$$
所以 $\angle QUP = 54°$. （ B ）

**11.** 将每一个正方形依照如图8所示方式四等分. 若这样无限地分割下去, 请问阴影部分占原正方形的几分之几? (   )

A. $\dfrac{1}{3}$　　　B. $\dfrac{1}{4}$　　　C. $\dfrac{3}{8}$

D. $\dfrac{1}{2}$　　　E. $\dfrac{5}{8}$

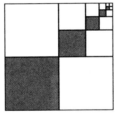

图8

**解法1**　由于图形可视为逐步在每个阴影正方形旁添加两个无阴影的正方形, 而阴影部分面积占全图的 $\dfrac{1}{3}$. （ A ）

**解法2**　最大的阴影正方形面积为原正方形面积的 $\dfrac{1}{4}$, 第二个阴影正方形有原正方形面积的 $\dfrac{1}{16}$, 且如此继续.

于是阴影面积是 $\dfrac{1}{4} + \dfrac{1}{16} + \dfrac{1}{64} + \cdots$

因此，$S = \dfrac{\dfrac{1}{4}}{1-\dfrac{1}{4}} = \dfrac{1}{3}$.　　　　　　( A )

12. 如图 9，正六边形的周长为 12 cm 其面积为( ).

A. $6\sqrt{3}$ cm² 　　B. $4 + 2\sqrt{3}$ cm² 　C. 24 cm²

D. 12 cm² 　　E. $12\sqrt{3}$ cm²

**解** 这个六边形每边长 2 cm²，且这个六边形由 6 个边长为 2 cm 的等边三角形组成. 每个三角形的面积是

$$\dfrac{1}{2} \times 2 \times 2 \sin 60° = \dfrac{2\sqrt{3}}{2} = \sqrt{3}$$

这个六边形的面积是 $6\sqrt{3}$ cm².　　　　( A )

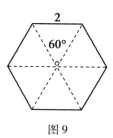

图 9

13. 一杯 350 mL 的橙汁饮料，质量百分数为 50%，若想把质量百分数改为 30%，请问需加入约多少毫升的水?(　　)

A. 230 mL　　　B. 200 mL　　　C. 220 mL

D. 400 mL　　　E. 420 mL

**解法 1** 由于果汁是 350 mL 的 50%，有 175 mL 果

第 2 章  2000 年试题

汁. 如果这是新混合饮料中的 30%，则

$$\frac{175}{总量} = 0.3$$

这样

$$\frac{175}{350 + 外加水} = 0.3$$

$$1\,750 = 3(350 + 外加水)$$

于是

$$外加水 = \frac{700}{3}$$

$$\approx 233 \qquad\qquad (\;A\;)$$

**解法 2**  果汁的数量 $= \frac{1}{2}(350) = \frac{3}{10}(350 + x)$.

则

$$5 \times 350 = 3(350 + x)$$

$$3x = 2 \times 350$$

$$x = \frac{2}{3} \times 350 \approx 233$$

14. 假设我在一座高塔向上爬 100 阶，看地面上的一个目标的俯角是 45°，请问我大约要再向上爬几阶才能使俯角增加到 60°？(   )

A. 10 阶      B. 30 阶      C. 50 阶
D. 70 阶      E. 90 阶

**解**  由图 10 示的直角三角形，我们有

$$\frac{100 + x}{100} = \tan 60° = \sqrt{3}$$

$$100 + x = 100\sqrt{3}$$

$$x = 100(\sqrt{3}-1)$$
$$\approx 100 \times 0.73$$
$$\approx 73$$

所以,需要增加 73 个台阶. ( D )

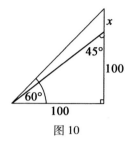

图 10

**15.** 对于实数 $u$ 和 $v$,定义运算 ○ 为

$$u \bigcirc v = \frac{uv}{2}(u-3v)$$

请问如何描述方程

$$x \bigcirc 2 = 3 \bigcirc (-1)$$

的解( ).

A. 无解　　　　　　B. 有无限多解

C. 有两个相异解　　D. 解为 $x=-2$

E. 解为 $x=3$

**解**　$x\bigcirc 2 = 3\bigcirc(-1) \Leftrightarrow \dfrac{x\times 2}{2}(x-6) = \dfrac{3\times(-1)}{2}(3+3)$

$$\Leftrightarrow x^2 - 6x = -9$$
$$\Leftrightarrow x^2 - 6x + 9 = 0$$
$$\Leftrightarrow (x-3)^2 = 0$$
$$\Leftrightarrow x = 3$$

( E )

**16.** 人类的双胞胎有两种类型——同卵及异卵双胞胎.同卵双胞胎的性别通常是同性,而异卵双胞胎的性别不一定,男婴、女婴机会均等.假设人类的双胞胎有 $\frac{1}{3}$ 属同卵双胞胎,则生下的一对双胞胎都是女婴的机会为( ).

A. $\frac{1}{6}$  B. $\frac{1}{4}$  C. $\frac{1}{3}$

D. $\frac{1}{2}$  E. $\frac{2}{3}$

**解** 同卵双胞胎的概率是 $\frac{1}{3}$,所以异卵双胞胎的概率是 $\frac{2}{3}$.因此可能的概率是(表1):

表1

| 同卵 | 异卵 |
|---|---|
| 男男 $\frac{1}{6}$ | 男男 $\frac{2}{3} \times \frac{1}{4} = \frac{1}{6}$ |
| 女女 $\frac{1}{6}$ | 男女 $\frac{2}{3} \times \frac{1}{4} = \frac{1}{6}$ |
| | 女男 $\frac{2}{3} \times \frac{1}{4} = \frac{1}{6}$ |
| | 女女 $\frac{2}{3} \times \frac{1}{4} = \frac{1}{6}$ |

于是 $P(女女) = \frac{1}{6} + \frac{1}{6} = \frac{1}{3}$.　　　　( C )

**17.** 如图11,将五个半径为1单位的圆摆成像奥林匹克的标志,使得每个圆有 $\frac{1}{6}$ 的圆周长落在相邻圆的内部,则此五个圆所占的总面积为( ).

A. $5\pi - \dfrac{\sqrt{3}}{2}$   B. $4\pi + \dfrac{3\sqrt{3}}{2}$   C. $\dfrac{25\pi}{6} + 2\sqrt{3}$

D. $5\pi$   E. $\dfrac{11\pi}{3} + 2\sqrt{3}$

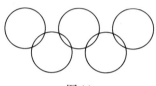

图 11

**解** 如图 12,考虑一个圆.这个扇形的面积是 $\dfrac{1}{6}\pi$,这个三角形的面积是 $\dfrac{\sqrt{3}}{4}$.故阴影区域的面积是

$$\dfrac{\pi}{6} - \dfrac{\sqrt{3}}{4}$$

总面积 = 5 个圆的面积 - 8 个阴影面积

$= 5\pi - \dfrac{4}{3}\pi + 2\sqrt{3} = \dfrac{11\pi}{3} + 2\sqrt{3}$   ( E )

图 12

**18.** 32 个连续正整数之和为 2 000,则这些数中最大的是( ).

A. 33    B. 42    C. 77

D. 78    E. 79

**解** 设这些数是
$$k, k+1, k+2, \cdots, k+31$$
则
$$k + (k+1) + (k+2) + \cdots + (k+31) = 2\,000$$
$$32k + \frac{31}{2} \times 32 = 2\,000$$
$$32k = 2\,000 - (16 \times 31)$$
因此
$$k = 47$$
最大数是 $47 + 31 = 78$. ( D )

19. 如图 13,$PQRS$ 为正方形,点 $M$ 为中心. 点 $N$ 是 $PQ$ 的中点,点 $F$ 是 $NR$ 和 $QS$ 的交点. 若 $\triangle MFR$ 的面积为 1,则这个正方形的面积为(     ).

A. 8      B. 10      C. 12
D. 16      E. 18

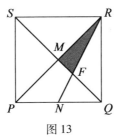

图 13

**解** 如图 14,联结 $PF$. 现在 $\triangle RMF$ 的面积 $= 1$,故 $\triangle PMF$ 的面积 $= 1$. 设 $\triangle PFN$ 的面积 $= \triangle QFN$ 的面积 $= x$. 于是 $\triangle RPN$ 的面积 $= \triangle RQN$ 的面积,即 $2 + x = \triangle RFQ$ 的面积 $+ x$,即 $\triangle RFQ$ 的面积 $= 2$,因此,$\triangle RMQ$ 的面积 $= 3$ 且这个正方形的面积是 $4 \times 3 = 12$. ( C )

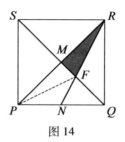

图 14

**20.** 两位运动员同时绕着 400 m 的跑道进行 10 000 m 赛跑. 已知有一位选手每 60 s 跑完一圈, 另一位则每 68 s 跑完一圈. 请问较快的选手会在第几圈超越较慢的选手?( )

A. 6 圈　　　B. 7 圈　　　C. 8 圈

D. 9 圈　　　E. 10 圈

**解法 1**　现在
$$8 \times 60 = 480, 9 \times 60 = 540$$
$$7 \times 68 = 476, 8 \times 68 = 544$$

所以, 较快选手在较慢的选手跑完 8 圈前 4 s 跑完了 9 圈.

因此, 较快的选手在他的第九圈上追上较慢的选手. 　　　　　　　　　　　　( D )

**解法 2**　较快的选手的速度是 $\dfrac{400}{60}$ m/s, 而较慢选手是 $\dfrac{400}{68}$ m/s.

当较快选手比较慢选手多跑 400 m 时追上较慢选手, 那是在 $t$ s 时间后
$$\dfrac{400}{60}t = \dfrac{400}{68}t + 400$$

$$\frac{t}{60} = \frac{t}{68} + 1$$

$$68t = 60t + 4\,080$$

$$8t = 4\,080$$

$$t = 510$$

较快选手在510 s后追上较慢选手,即在 $\frac{510}{60} = 8\frac{1}{2}$ 圈后,也即是在较快的选手的第九圈中.　　　( D )

**21**. 有一梯形(图15)其上下底为3 cm,9 cm;而两腰分别为6 cm,4 cm. 若画一条与上下底平行之线段,使得分割出的两个梯形的周长相等. 请问梯形的两腰被此直线依什么比例分割?(　　)

A. 1∶2　　　　B. 1∶3　　　　C. 1∶4

D. 2∶3　　　　E. 4∶5

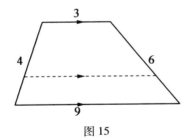

图15

**解**　如图16,设 $LS = 2x$.

那么由于平行线 $PQ, LM$ 和 $SR$ 将边 $PS$ 和 $QR$ 分割成同样比例,因而

$$LS:PS = MR:QR$$

$$2x:4 = MR:6$$

因此

$$MR = 3x$$

且

$$QM = 6 - 3x$$

现在由于顶上和底下两梯形的周长是同样的

$$6 - 3x + 3 + 4 - 2x = 2x + 9 + 3x$$
$$10x = 4$$
$$x = 0.4$$

即

$$LS:PL = 0.8:(4 - 0.8)$$
$$= 1:4 \qquad (\ C\ )$$

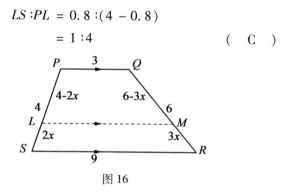

图 16

22. 有一个小规模高尔夫球俱乐部的委员会,为庆祝千禧年决定兴办一场所有会员间的循环赛.当秘书告知最新会员人数后,他们计算了一下所需比赛的场数刚刚超过 2 000 场."多可惜啊!它不恰好是 2 000 场"委员会主席说:"即使我们省略掉委员们之间的比赛,场数仍为 2 001 场".请问这个高尔夫球俱乐部有多少位委员?(　　)

A.6 位　　　　B.7 位　　　　C.8 位
D.9 位　　　　E.10 位

**解**　俱乐部会员的人数是满足

$$\binom{m}{2} > 2\,000$$

的最小的 $m$. 这给出

$$\frac{m(m-1)}{2} > 2\,000$$

$$m(m-1) > 4\,000$$

现在稍作检验给出 $63 \times 62 = 3\,906$ 和 $64 \times 63 = 4\,032$，所以有 64 位会员，且 $\binom{64}{2} = 2\,016$.

当委员们之间的比赛省略掉后还有 2 001 场比赛，故委员之间的比赛场数是 15，且 $\binom{6}{2} = 15$，因而有 6 位委员. 　　　　　　　　　　　　　　( A )

**23．** 两位选手进行一场网球赛，三局比赛中两胜者赢. 如果选手 $A$ 每一局赢的概率为 60%，选手 $A$ 赢得此比赛的概率是(　　).

A. 0. 6　　　B. 0. 648　　　C. 0. 504

D. 0. 36　　　E. 0. 75

**解**　为赢得这比赛，运动员 $A$ 必须第一和第二局胜出，或者第一局胜、第二局负而第三局胜，或者第一局负、第二、三局胜. 这些概率是互斥的，所以我们将这三个结果的每一个的概率相加.

胜胜：$0.6 \times 0.6 = 0.36$；

胜负胜：$0.6 \times 0.4 \times 0.6 = 0.144$；

负胜胜：$0.4 \times 0.6 \times 0.6 = 0.144$；

总计：0. 648. 　　　　　　　　　　　　　　( B )

**24.** 我们想造出一个数列,首项和末项都为0,任意两连续项之间的差不超过1,例如:0133232210即是其中之一数列,其和为19. 若有一个这样的数列,其和为2 000,请问它最少有多少项?(    )

A. 50 项　　　　B. 91 项　　　　C. 93 项

D. 95 项　　　　E. 120 项

**解**　只有1个数的这种数列具有和0,可能的最大和也是0. 具有2项的这种数列是0,0,其和是0,可能的最大和是0.

| 数列中的项数 | 最大和数列 | 和 |
| --- | --- | --- |
| 1 | 0 | 0 |
| 2 | 0,0 | 0 |
| 3 | 0,1,0 | 1 |
| 4 | 0,1,1,0 | 2 |
| 5 | 0,1,2,1,0 | 4 |
| 6 | 0,1,2,2,1,0 | 6 |
| ⋮ | ⋮ | ⋮ |
| $2k$ | $0,1,2,\cdots,k-1,k-1,\cdots,2,1,0$ | $k^2-k$ |
| $2k+1$ | $0,1,2,\cdots,k-1,k,k-1,\cdots,2,1,0$ | $k^2$ |

以上用算术级数的求和公式得到.

现在 $44^2 = 1\ 936 < 2\ 000 < 2\ 025 = 45^2$,所以91项是一种可能情形.

然而,如果 $90 = 2k$,则这个最大和是
$$45^2 - 45 = 1\ 980 < 2\ 000$$
所以90是不可能的.

第 2 章   2000 年试题

为构造这样一个长度为 91 的数列,取
$$0,1,2,\cdots,44,45,44,\cdots,2,1,0$$
它的和是 2 025,再者例如简单地将中间的 25 项每项减去 1 即得和为 2 000.            ( B )

**25**. 有多少个正整数的值恰等于它的数字和的 13 倍?(    )

A. 0            B. 1            C. 2

D. 3            E. 4

**解**   考虑这样的两位数 $ab$
$$10a + b = 13(a+b)$$
$$a + 4b = 0$$
所以不可能有这样的两位数.

考虑三位数 $abc$
$$100a + 10b + c = 13(a+b+c)$$
$$87a = 3(b+4c)$$
$$29a = b + 4c$$
$a=1$ 给出可能的情形 $b=9, c=5; b=5, c=6$ 和 $b=1, c=7$.

$a \geqslant 2$ 是不可能的 $(b+4c \leqslant 45 < 58 \leqslant 29a)$.

考虑四位数 $abcd$
$$1\,000a + 100b + 10c + d = 13(a+b+c+d)$$
$$987a + 87b = 3(c + 4d)$$
显然 $a = 0$ 因而没有这样的四位数或更高位的数.

仅有的数是 195,156 和 117.            ( D )

**26**. 如图 17,四边形 $PQRS$ 中 $\angle P$ 及 $\angle S$ 是直角. 点 $T$ 是对角线 $PR$ 上的一点且 $ST$ 垂直于 $PR$. 若 $\angle TPQ$,

∠TSP,∠TRS 和∠TQR 都是 30°;若 PS = 1,则 PQ 的长可能是( ).

A. $\sqrt{2} + \sqrt{3}$    B. $2\sqrt{3} - 1$    C. $\sqrt{3} + 1$

D. $\sqrt{3} - \sqrt{\sqrt{3} - 1}$    E. $\sqrt{3} + \sqrt{\sqrt{3} - 1}$

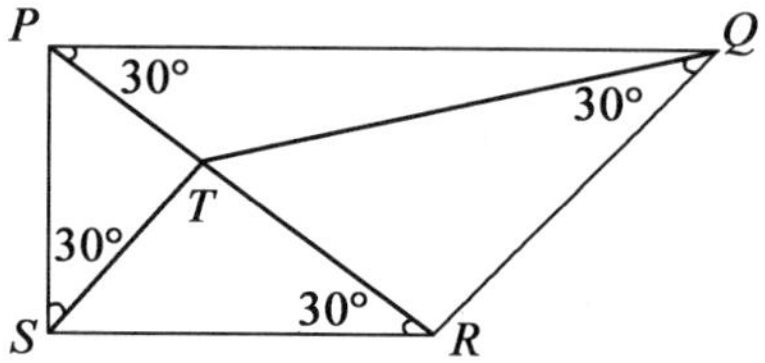

图 17

**解法 1**   如图 18,由 R 到 PQ 作垂线交 PQ 于 M. 现在由 Rt△PSR. 我们得

$$SR = \tan 60° = \sqrt{3}$$

也由 Rt△PST 和 STR 我们得 PT = 0.5 和 TR = 1.5.

现在由于∠TRQ 是公共角且∠RPQ = ∠RQT = 30°,△QTR 和△PQR 相似,所以

$$\frac{QR}{TR} = \frac{PR}{QR}$$

$$\frac{QR}{1.5} = \frac{2}{QR}$$

$$QR^2 = 3$$

即 $QR = \sqrt{3}$.

由 Rt△MQR 我们得

$$MQ^2 + 1^2 = 3$$

且

$$MQ = \sqrt{2}$$

故
$$PQ = PM + MQ = \sqrt{3} + \sqrt{2}$$
( A )

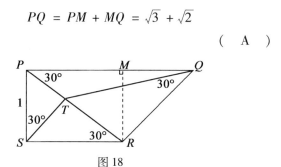

图 18

**注** 该题目中之所以用"可能是"的理由是因为 $Q$ 有两种可能的位置,一种是在 $M$ 的右边而另一种 $Q'$ 在 $M$ 的左边,这第二种位置是圆的另一交点,在 $\overset{\frown}{TR}$ 上对着一个圆周角 $30°$. 这个位置在解法 2 的图 19 中表示出. 在这第二个位置,$PQ'$ 成为 $PM - MQ' = \sqrt{3} - \sqrt{2}$,它是 $PQ$ 的另一可能的值.

**解法 2** 如图 19, 现在 $PS = 1$, 故由 $\text{Rt}\triangle PST$ 我们得

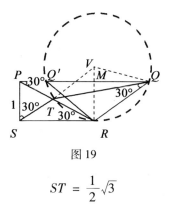

图 19

$$ST = \frac{1}{2}\sqrt{3}$$

由 Rt△RST, 我们得 $RT = \frac{3}{2}$ 和 $RS = \sqrt{3}$.

现在由于 $\angle SRT = \angle RQT$, 过 $R, Q$ 和 $T$ 的圆有 $RS$ 作为在 $R$ 的切线.

设 $V$ 是该圆的圆心, 则 $VR \perp RS$.

现在 $\angle RVT = 2\angle RQT = 60°$ (圆心角是圆周角的两倍).

而且 $\angle TRV = 60°$, 故 △$RTV$ 是等边的.

于是 $VR = VQ = RT = \frac{3}{2}$.

因此, 若 $RV$ 交 $PQ$ 于 $M$, 则 $VM = \frac{1}{2}$, 所以由 △$VMQ$, $MQ = \sqrt{2}$, 但是 $PM = SR = \sqrt{3}$, 所以 $PQ = \sqrt{2} + \sqrt{3}$ 而 $PQ' = \sqrt{3} - \sqrt{2}$.

只是第一个在备选项中被列出. ( A )

**27.** 请问有多少组实数对 $(x, y)$ 满足方程 $(x+y)^2 = (x+3)(y-3)$? ( )

A. 0      B. 1      C. 2

D. 3      E. 无穷多

**解法 1** 方程作为 $x$ 的二次方程, 我们得
$$(x+y)^2 = (x+3)(y-3)$$
$$x^2 + (y+3)x + y^2 - 3y + 9 = 0$$
$$x = -\frac{y+3}{2} \pm \frac{\sqrt{(y+3)^2 - 4(y^2 - 3y + 9)}}{2}$$
$$= -\frac{y+3}{2} \pm \frac{\sqrt{-3y^2 + 18y - 27}}{2}$$

第 2 章　2000 年试题

$$= -\frac{y+3}{2} \pm \frac{\sqrt{-3(y-3)^2}}{2}$$

由于 $x$ 是实数,仅有的可能性是当 $y - 3 = 0, y = 3$ 且

$$x = -\frac{3+3}{2} = -3$$

满足该方程的仅有的一对是 $(-3, 3)$.　　　　( B )

**解法 2**　设 $u = x + 3$ 和 $v = y - 3$.

则

$$(u+v)^2 = uv$$
$$u^2 + uv + v^2 = 0$$

一个解是 $u = v = 0$,所以 $x = -3$ 和 $y = 3$.

除此之外

$$\left(\frac{u}{v}\right)^2 + \left(\frac{u}{v}\right) + 1 = 0$$

它无实数解.

**解法 3**　$(x+y)^2 = (x+3)(y-3)$
$(x+3+y-3)^2 = (x+3)(y-3)$
$(x+3)^2 + 2(x+3)(y-3) + (y-3)^2$
$= (x+3)(y-3)$
$(x+3)^2 + (x+3)(y-3) + (y-3)^2 = 0$
$\left(x+3+\frac{y-3}{2}\right)^2 - \frac{(y-3)^2}{4} + (y-3)^2 = 0$
$\left(x+3+\frac{y-3}{2}\right)^2 + \frac{3}{4}(y-3)^2 = 0$

由于每一项必是零,$y = 3$ 且因而 $x = -3$ 给出唯一的解 $(-3, 3)$.

**28.** 对于某些整数 $n$,若 $\dfrac{7n+18}{2n+3}$ 也是整数,则所有

这样的表达式之和等于(　　).

A. 14　　　B. 21　　　C. 24

D. 28　　　E. 30

**解法 1**　设 $\dfrac{7n+18}{2n+3}=k$，这里 $k$ 是整数.

对某整数 $p$

$$7n+18=pk \quad (1)$$
$$2n+3=p \quad (2)$$

$2\times(1)-7\times(2)$ 给出 $p(2k-7)=15=1\times15=3\times5$.

即

$$p=1,-1,3,-3,5,-5,15,-15$$
$$2k-7=15,-15,5,-5,3,-3,1,-1$$
$$k=11,-4,6,1,5,2,4,3$$

即 $\sum k=28$.　　　　　　　　　　　　( D )

**解法 2**　作 $y=\dfrac{7n+18}{2n+3}$ 的草图(图20).

水平渐近线是在 $y=3\dfrac{1}{2}$ 且垂直渐近线是在 $n=-\dfrac{3}{2}$.

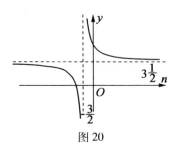

图 20

如果 $y=4, \frac{7n+18}{2n+3}=4 \Rightarrow n=6.$

如果 $y=3, \frac{7n+18}{2n+3}=3 \Rightarrow n=-9.$

故 $y$ 的所有其他整数值出现在 $n$ 介于 $-9$ 和 $6$ 之间的值. 代入给出

| $n$ | $-9$ | $-4$ | $-3$ | $-2$ | $-1$ | $0$ | $1$ | $6$ | |
|---|---|---|---|---|---|---|---|---|---|
| $\frac{7n+18}{2n+3}$ | $3$ | $2$ | $1$ | $-4$ | $11$ | $6$ | $5$ | $4$ | $\sum = 28$ |

**29.** 小明与小丽是畜牧主人. 他们需要划分一些畜牧区(图21), 把不同品种的牲畜分隔, 但很不幸, 他们居住的国家有一项篱笆税, 因此他们最多仅足以建造 24 道篱笆. 牲畜区的篱笆边数及形状不限, 但每道篱笆必须是直线的, 且仅能在交点处接合. 请问他们最多可以围出多少个畜牧区?(　　)

A. 12 个　　　B. 13 个　　　C. 14 个

D. 15 个　　　E. 16 个

图21

**解**　由于任一篱笆至多能是两个畜牧区的一部分, 为了使围出的区或数最大, 我们需要尽可能多的篱笆是两个畜牧区的篱笆.然而边界篱笆仅是一个畜牧区的一部分.这表明我们必须使边界篱笆数是尽可能的小,因而边界将是一个三角形,即具有最小边数的多边形.

同理,我们能够用同样的篱笆数在其内部做出比其他多边形更多的三角形畜牧区.

于是我们试图找出一个三角形边界,用 24 个篱笆分成一些三角形以给出最大个数的畜牧区.两个可能的构形如图 22 所示,给出 15 个畜牧区.

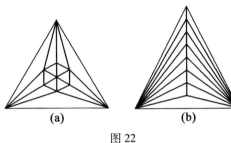

图 22

( D )

**30**. 小娟有 5 个盒子,第一个盒子内有两个正方形及 8 个三角形;第二个盒子内有 3 个正方形及两个三角形;第三个盒子内有 3 个正方形及 4 个三角形;第四个盒子内有 4 个正方形及 3 个三角形;第五个盒子内有 5 个正方形及 4 个三角形.在盒子中的所有正方形及三角形的边长都相同.小娟想利用这些正方形及三角形沿着边粘贴成一些多面体.若每一个多面体都必须由单一个盒子内的全部图形所组成,请问有多少个盒子可以符合要求?( )

A.1 个  B.2 个  C.3 个

D. 4 个        E. 5 个

**解** 为了做成多面体,任两个正方形或三角形配件的两边必须粘贴在一起构成这个多面体的一条棱边.所以一个盒子的诸配件的边的总数必须是偶数.第一盒包含32条边,第二盒包含18条边,第三盒24条边,第四盒25条边,第五盒32条.所以第四盒不能构成多面体,由于它有奇数条边.

第一盒的配件构成一个正方反棱柱,第二盒的配件构成一个三角棱柱,第三盒的配件构成一个在三角棱柱顶面上粘贴一个四面体的多面体,第五盒的配件构成一个在立方体顶面上粘贴一个正方锥的多面体.这些多面体的图形如下图23:

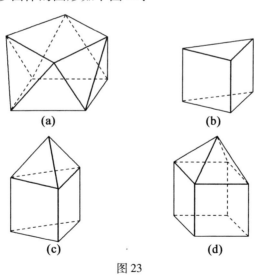

图 23

所以,有四种可能的多面体.           ( D )

## 第 3 章  2001 年试题

**1.** $10 \div 0.2$ 等于(　　).

A. 5    B. 20    C. 40
D. 50   E. 500

**解**  $10 \div 0.2 = 100 \div 2 = 50.$　　( D )

**2.** $\dfrac{3^2 + 3^2 + 3^2}{2^3 + 2^3 + 2^3}$ 等于(　　).

A. $\dfrac{3}{2}$    B. $\dfrac{9}{8}$    C. 1

D. $\dfrac{3}{4}$    E. $\dfrac{729}{512}$

**解**  $\dfrac{3^2 + 3^2 + 3^2}{2^3 + 2^3 + 2^3} = \dfrac{9+9+9}{8+8+8} = \dfrac{27}{24} = \dfrac{9}{8}.$

( B )

**3.** 连续奇数之和 $1 + 3 + 5 + \cdots + k$ 为 1 000 000, 请问 $k$ 值是多少?(　　)

A. 1 995    B. 1 997    C. 1 999
D. 2 001    E. 2 003

**解**  $1 + 3 + 5 + \cdots + k$ 是以 $a = 1$ 和 $d = 2$ 的一个算术级数的前 $\dfrac{k+1}{2}$ 项,所以

$$10^6 = \dfrac{1}{2}\left(\dfrac{k+1}{2}\right)(k+1) \text{ 且 } (k+1)^2 = 4 \times 10^6$$

所以 $k+1=2\,000$ 且 $k=1\,999$.   ( C )

**4**. 若 $-11-6w\geqslant -35$, 则( ).

A. $w\leqslant 4$    B. $w\leqslant -7\dfrac{2}{3}$    C. $w\geqslant 4$

D. $w>4$    E. $w<4$

**解**
$$-11-6w\geqslant -35$$
$$-6w\geqslant -24$$
$$6w\leqslant 24$$
$$w\leqslant 4$$    ( A )

**5**. 有一个两位数. 它是两个相异的完全平方数之和, 则这个两位数的最大值是( ).

A. 95    B. 96    C. 97

D. 98    E. 99

**解** 首先注意到 $97=9^2+4^2$. 假设 98 或 $99=a^2+b^2$, 其中 $a>b$. 则因为 $98=7^2+7^2$, 我们必须有 $a=8$ 或 $a=9$. 现在 $8^2+5^2=89$ 和 $8^2+6^2=100$, 所以 $a\neq 8$.

又有 $9^2+5^2=106$, 故 $a\neq 9$. 因此最大的这样的数是 97.   ( C )

**6**. 若 $3^{15}\times 27^{10}=9^n$, 则 $n$ 等于( ).

A. $\dfrac{45}{2}$    B. 23    C. $\dfrac{47}{2}$

D. 24    E. $\dfrac{49}{2}$

**解**
$$3^{15}\times 27^{10}=9^n$$
$$3^{15}\times(3^3)^{10}=(3^2)^n$$
$$3^{15}\times 3^{30}=3^{2n}$$

$$15 + 30 = 2n$$
$$2n = 45$$
$$n = \frac{45}{2} \qquad (\ A\ )$$

**7.** 在图 1 中,$PS = PQ$ 且 $QS = QR$. 如果 $\angle SPQ = 80°$,则 $\angle QRS$ 等于( ).

A. $10°$  B. $15°$  C. $20°$

D. $25°$  E. $30°$

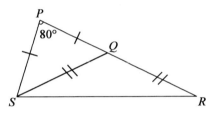

图 1

**解** 显然,因 $\triangle PQS$ 是等腰三角形

$$\angle PSQ = \angle PQS = \frac{1}{2}(180° - 80°) = 50°$$

因此

$$\angle SQR = 180° - 50° = 130°$$

最后,因为 $\triangle QRS$ 是等腰的,$\angle QRS = \angle QSR = \frac{1}{2}(180° - 130°) = 25°$. $\qquad (\ D\ )$

**8.** 点 $(0,1)$ 及 $(1,3)$ 同在一直线上,若点 $(3,y)$ 也在此直线上,则 $y$ 等于( ).

A. 4  B. 5  C. 6

D. 7  E. 8

**解** 通过 $(0,1)$ 和 $(1,3)$ 的直线其方程为 $y = 2x+1$. 所以当 $x=3$, 则 $y=6+1=7$. （ D ）

9. 如图2所示作一个圆的外切正方形和内接正方形. 大正方形的面积与小正方形的面积之比是(　　).

A. $3:1$　　　B. $\sqrt{2}:1$　　　C. $2:1$

D. $\pi:1$　　　E. $4:3$

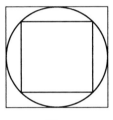

图2

**解** 如图3,设该圆的半径为 $x$,较大的正方形的边长是 $2x$,故它有面积 $4x^2$.

较小的正方形的对角线长 $2x$,故它有面积 $\dfrac{1}{2} \times 4x^2 = 2x^2$.

所以大正方形与小正方形面积之比是
$$4x^2 : 2x^2 = 2:1 \qquad （\ C\ ）$$

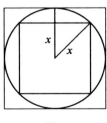

图3

**10.** 注意 $0.\dot{2}\dot{9} = \dfrac{29}{99}$(这里 $0.\dot{2}\dot{9}$ 表示 $0.292\,929\,29\cdots$), $0.7\dot{2}\dot{9}$ 的值等于(    ).

A. $\dfrac{361}{450}$    B. $\dfrac{183}{225}$    C. $\dfrac{72}{99}$

D. $\dfrac{361}{495}$    E. $\dfrac{712}{999}$

**解**  $0.7\dot{2}\dot{9} = \dfrac{7}{10} + \dfrac{29}{990} = \dfrac{29 + 693}{990} = \dfrac{722}{990} = \dfrac{361}{495}.$

( D )

**11.** 请问有多少种不同的方法可将 2 000 表示为两个大于 1 的因子之乘积(    ).

A. 7    B. 8    C. 9

D. 10    E. 12

**解法1**  $2\,000 = 2^4 \times 5^3$.

或者一个因数没有五而另一因数有 3 个五, 或者一个因数有一个五而另一因数有两个五.

没有五的因数是 2, 4, 8, 16.

有一个五的因数是 5, 10, 20, 40, 80.

所以有 9 种因数分解式.                ( C )

**解法2**  $2\,000 = 2^4 \times 5^3$.

因数的总个数是 $(4+1) \times (3+1) = 20$, 所以有 10 种因数分解式 $2\,000 = ab$, 但其中一个是 $2\,000 = 1 \times 2\,000$.

**12.** 在图 4 中, $PQ$ 是直径且 $SP = SR$. 若 $\angle QPR = 40°$, 则 $\angle SRP$ 等于(    ).

A. 40°  B. 35°  C. 30°
D. 25°  E. 20°

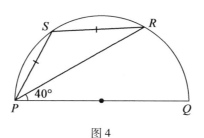

图 4

**解法 1** 联结 $RQ$,则 $\angle PRQ = 90°$(半圆上的角)且 $\angle RQP = 50°$.

于是 $\angle PSR = 130°$(圆内接四边形的对角)

因此 $\angle SRP = \dfrac{180° - 130°}{2} = 25°$.　　( D )

**解法 2** 如图 5,设该圆的圆心为 $O$,联结 $SO$ 和 $RO$.

$\angle QPR = 40°$,故 $\angle QOR = 80°$(圆心角 = 2 × 圆周角).

于是 $\angle POR = 100°$ 且 $\angle SOP = 50°$,因此 $\angle SRP = 25°$(圆心角 = 2 × 圆周角).　　( D )

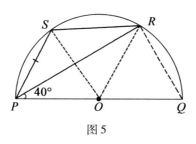

图 5

**13**. 在图 6 中,$x$ 的值等于(　　).

A. $\sqrt{12}$      B. $\sqrt{13}$      C. $\sqrt{14}$
D. $\sqrt{15}$      E. 4

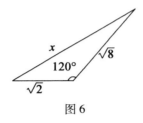

图 6

**解法 1**   由余弦定理

$$x^2 = (\sqrt{2})^2 + (\sqrt{8})^2 - 2\sqrt{2} \times \sqrt{8} \cos 120°$$

$$= 2 + 8 - 2\sqrt{16} \times \left(-\frac{1}{2}\right)$$

$$= 10 + 4 = 14$$

$x = \sqrt{14}$                              ( C )

**解法 2**   由 $P$ 画到 $QR$ 的延长线上的垂线,如图 7 所示.

于是由 $\text{Rt}\triangle PRS$,我们得

$$RS = \sqrt{8} \times \sin 30° = \sqrt{2}$$

且

$$PS = \sqrt{8} \times \cos 30° = \sqrt{6}$$

所以 $QS = 2\sqrt{2}$.

于是由 $\text{Rt}\triangle PQS$,我们得

$$x^2 = (2\sqrt{2})^2 + (\sqrt{6})^2 = 8 + 6 = 14$$

即 $x = \sqrt{14}$.                              ( C )

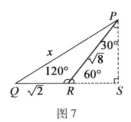

图 7

**14.** 若 $x$ 与另一数之和与积相等,这个共同的值是( ).

A. $\dfrac{x^2+1}{x-1}$  B. $\dfrac{x^2+1}{x+1}$  C. $\dfrac{x^2}{x+1}$

D. $\dfrac{x^2}{x-1}$  E. $\dfrac{x^2-1}{x^2+1}$

**解** 设 $x$ 和 $y$ 表示所求的数,则

$$xy = x + y$$

$$y(x-1) = x$$

$$y = \dfrac{x}{x-1}$$

$$x + y = x + \dfrac{x}{x-1} = \dfrac{x^2}{x-1} \quad (\text{D})$$

**15.** 2 001 是三个相异质数 3,23,29 的乘积.注意:1 不是个质数.请问由 3 个小于 30 的相异质数的乘积所构成的数有多少个?( )

A. 10  B. 60  C. 120

D. 600  E. 720

**解** 小于 30 的质数是 2,3,5,7,11,13,17,19,23 和 29,共 10 个.

这些数中同时取三个的组合数是

$$\binom{10}{3} = \frac{10 \times 9 \times 8}{1 \times 2 \times 3} = 120 \qquad (\quad C\quad)$$

**16.** 在图 8 中,一个正三角形内接于正方形. 若正三角形的边长为 1,正方形的边长是(　　).

A. $\dfrac{1}{\sqrt{2}}$ 　　B. $\dfrac{\sqrt{3}}{2}$ 　　C. $\dfrac{\sqrt{3}+\sqrt{2}}{4}$

D. $\dfrac{\sqrt{2}(1+\sqrt{3})}{4}$ 　　E. $\sqrt{3}-\sqrt{2}$

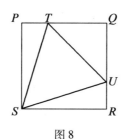

图 8

**解法 1** 设这个正方形的有边长 $s$.

$\triangle TQU$ 是等腰直角三角形,故 $QU = \dfrac{1}{\sqrt{2}}$ 且 $RU = s - \dfrac{1}{\sqrt{2}}$. 因此 $\triangle USR$ 有边长 $1$, $s$ 和 $s - \dfrac{1}{\sqrt{2}}$. 由勾股定理,我们有

$$1 = s^2 + \left(s - \frac{1}{\sqrt{2}}\right)^2$$

于是 $2s^2 - s\sqrt{2} - \dfrac{1}{2} = 0$,且

$$s = \frac{\sqrt{2} \pm \sqrt{2+4}}{4} = \frac{\sqrt{2} \pm \sqrt{6}}{4} = \frac{\sqrt{2}(1 \pm \sqrt{3})}{4}$$

### 第 3 章  2001 年试题

由于 $s$ 必定是正数，$s = \dfrac{\sqrt{2}+\sqrt{6}}{4} = \dfrac{\sqrt{2}(1+\sqrt{3})}{4}$.

( D )

**解法 2**  如图 9，联结 $SQ$ 且设 $V$ 是 $SQ$ 与 $TU$ 的交点

$$TV = UV = QV = \frac{1}{2}$$

$$SV = \frac{\sqrt{3}}{2}$$

于是

$$SQ = \frac{1}{2}(1+\sqrt{3})$$

且

$$SR = \frac{1}{2\sqrt{2}}(1+\sqrt{3})$$

$$= \frac{\sqrt{2}}{4}(1+\sqrt{3}) \qquad ( \text{D} )$$

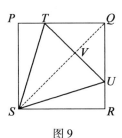

图 9

**17.** 对一给定数列，首 $n$ 项之和 $S_n$ 为

$$S_n = n^3 + 3$$

此数列的第 10 项为(　　).

A. 1 000　　　B. 1 003　　　C. 271

D. 274　　　E. 997

**解** 第十项是 $S_{10} - S_9 = 10^3 + 3 - (9^3 + 3) = 271$.   ( C )

**18.** 通过点 $(0,0)$ 的直线将图 10 中所示阴影部分分割为面积相等的两部分，则此直线的斜率为（  ）．

A. 0.25　　B. 0.5　　C. 1
D. 1.25　　E. 1.5

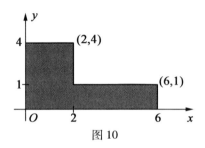

图 10

**解** $x \geqslant 2$ 的阴影部分的面积是 $4 \times 1 = 4$，它等于 $y \geqslant 2$ 的阴影部分的面积 $2 \times 2 = 4$．

过 $(0,0)$ 将整个面积分成两半的直线必通过 $(2,2)$．它将无阴影的正方形分成两半（图 11）．这条直线必定是对角线，它有斜率 1．    ( C )

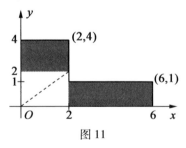

图 11

**19.** 两位数 $ab$（其中 $a$ 与 $b$ 代表数字）可被 7 除尽．

第 3 章  2001 年试题

若 $ba$ 是将 $ab$ 的两个数字对调(例如,31 变成 13),下列叙述中:

(Ⅰ) $5 \times b + a$  (Ⅱ) $3 \times a + b$  (Ⅲ) $ba + a$

请问何者仍恒可被 7 除尽?(    ).

A. 只有Ⅰ和Ⅱ   B. 只有Ⅱ   C. 只有Ⅲ
D. Ⅰ,Ⅱ和Ⅲ    E. 只有Ⅰ和Ⅲ

**解**  由于两位数 $ab$ 被 7 整除,$10a + b = 7k$.

因而

$$5b + a = 5(7k - 10a) + a = 35k - 50a + a$$
$$= 35k - 49a$$

也能被 7 整除.

又 $3a + b = 3a + 7k - 10a = 7k - 7a$,所以也被 7 整除.

此外

$$ba + a = 10b + a + a = 10(7k - 10a) + 2a$$
$$= 70k - 100a + 2a = 70k - 98a$$

它也被 7 整除. 因此,所有三者都被 7 整除.  ( D )

**20.** 有四个数,每次从中挑选三个数,求其平均再把第四个数加上. 因为每次可留下一个不同的数不选,因此这样的操作有 4 种不同的方式. 已知得出的四个结果为 17,21,23 与 29,请问原来的四个数中最大的数是什么?(    )

A. 12        B. 15        C. 21
D. 24        E. 29

**解**  设这些数是 $a, b, c$ 和 $d$,则

$$\frac{a + b + c}{3} + d = 17$$

或
$$a + b + c + 3d = 51 \tag{1}$$
类似地
$$a + b + d + 3c = 63 \tag{2}$$
$$a + c + d + 3b = 69 \tag{3}$$
$$b + c + d + 3a = 87 \tag{4}$$
(1) + (2) + (3) + (4) 得出
$$6a + 6b + 6c + 6d = 270$$
$$a + b + c + d = 45 \tag{5}$$
(1) − (5) 得出 $2d = 6, d = 3.$

(2) − (5) 得出 $2c = 18, c = 9.$

(3) − (5) 得出 $2b = 24, b = 12.$

(4) − (5) 得出 $2a = 42, a = 21.$

最大的数是 21.  ( C )

21. 如图 12,一个圆内切于一个直角三角形.圆与三角形斜边的切点将此斜边分割为长度 7 和长度 8 的两条线段,则此三角形的面积为( ).

A. 28    B. 49    C. 56

D. 60    E. 64

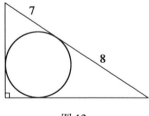

图 12

**解法 1**  由于从一点到圆的两切线相等,这长度

如图 13 所示,且有未知的长度 $x$. 由勾股定理我们得
$$(x+8)^2 + (x+7)^2 = 15^2$$
$$x^2 + 16x + 64 + x^2 + 14x + 49 = 225$$
$$x^2 + 15x = 56 \qquad (1)$$

这个三角形的面积是
$$A = \frac{1}{2}(x+7)(x+8)$$
$$= \frac{x^2 + 15x + 56}{2}$$
$$= \frac{56 + 56}{2} (由(1))$$
$$= 56 \qquad (C)$$

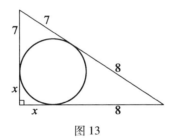

图 13

**解法 2** 作图 14,其中 $PQRS$ 是矩形且过这圆的圆心作垂直和水平的两直线.

现在 $QE = 7$ 且 $SE = 8$
$$\triangle PQS \equiv \triangle RSQ$$
$$\triangle QFH \equiv \triangle OEH$$
因此 $OF = 7$. $\triangle SGI \equiv \triangle OEI$ 于是 $OG = 8$
$\triangle PQS$ 的面积 $= \triangle RSQ$ 的面积
$\qquad\qquad =$ 矩形 $OFRG$ 的面积 $= 8 \times 7 = 56$

( C )

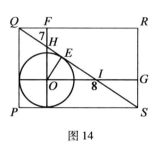

图14

**22.** 某种玩具汽车的遥控器只有一个按钮.当按下按钮时,车子立刻停止,接着依顺时针方向旋转23°,然后继续以等速行驶.当这辆汽车开始移动后,请问最少需要按几次遥控器的按钮才可以使这辆车回到最初始的地点?(    )

A. 7　　　　B. 8　　　　C. 10

D. 11　　　E. 12

**解**　为了回到出发点,该汽车必须转的角度加在一起不小于180°,且这至少要8次转23°才能做到,也需要对每转之间的距离做出精确的判断(图15).

( B )

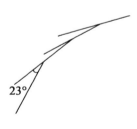

图15

**23.** 有一列火车于上午 7:45 从甲地出发开往乙地,另一列火车于上午 8:15 由乙地开往甲地.第一列火车在两列火车中途相遇后 40 min 抵达乙地,而第二列火车在两列火车中途相遇后 1 h 40 min 抵达甲地.假设两列火车都以等速行驶(但二者不必相同),请问这两列火车相遇的时刻为何?(   ).

A. 上午 8:50    B. 上午 8:55    C. 上午 9:00
D. 上午 9:05    E. 上午 9:10

**解法 1**  设两地距离是 $d$ 且上午 7:45 后 $t$ min 两车相遇.

第一列火车的速度是 $\dfrac{d}{t+40}$,而第二列火车的速度是 $\dfrac{d}{t+70}$.

$t$ min 后第一车已行驶 $\dfrac{dt}{t+40}$,而第二车行驶 $\dfrac{d(t-30)}{t+70}$.

那么

$$\dfrac{dt}{t+40} = d - \dfrac{d(t-30)}{t+70}$$

$$t(t+70) = (t+40)(t+70) - (t-30)(t+40)$$

$$t^2 - 30t = 4\,000 = 0$$

$$(t-80)(t+50) = 0$$

$$t = 80 \text{(因 } t > 0\text{)}$$

两车于上午 7:45 后 80 min 即在上午 9:05 相遇.

( D )

**解法 2**  考虑图 16,其中直线 $NS$ 表示从两地的距离,$M$ 是两车相遇的点,且上午 7:45 后 $t$ min 它们相遇.

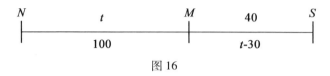

图 16

我们知道从甲地出发开往乙地的火车从 $N$ 到 $M$ 需要 $t$ min 且从 $M$ 到 $S$ 需要 40 min. 又乙地开往甲地的火车从 $S$ 到 $M$ 需要 $(t-30)$ min,而从 $M$ 到 $N$ 需要 100 min.

由于每列火车以常速度行驶,在这个旅程的同一区间中所花时间之比将相等,所以

$$\frac{t}{100} = \frac{40}{t-30}$$

$$t^2 - 30t - 4\,000 = 0$$

$$(t-80)(t+50) = 0$$

$$t = 80 \quad (因 t > 0)$$

两火车于上午 7:45 后 80 分即上午 9:05 相遇.

**24.** 帽子里有 $m$ 颗红色及 $n$ 颗白色的珠子. 随机从帽子里抓出一颗珠子,记下它的颜色. 然后将它及 $k$ 颗与它同色的珠子一起放回帽子里. 接着再随机从帽子里抓出一颗珠子,则此时所抓出的珠子为红色的概率是( ).

A. $\dfrac{m}{m+n}$  B. $\dfrac{n}{m+n}$  C. $\dfrac{m}{m+n+k}$

D. $\dfrac{m+k}{m+n+k}$  E. $\dfrac{m+n}{m+n+k}$

**解** 为了在第二次取时得到红珠子,不计较第一次取到什么颜色,所以这个序列可以是红红或白红. 由于这两者是互斥的,在第二次取时得红珠子的概率是得红红和白红的概率之和.

$$P(红红) = \frac{m}{m+n} \times \frac{m+k}{m+n+k} \text{ 由于第一次取后追加 } k \text{ 颗红珠子.}$$

类似地

$$P(白红) = \frac{n}{m+n} \times \frac{m}{m+n+k}$$

于是第二次取的是红珠子的概率是

$$P(红红) + P(白红) = \frac{m(m+k)}{(m+n)(m+n+k)} + \frac{mn}{(m+n)(m+n+k)}$$

$$= \frac{m(m+n+k)}{(m+n)(m+n+k)}$$

$$= \frac{m}{m+n} \qquad ( \text{ A } )$$

25. 强生的身高为 2 m,他以背靠着墙直立,在他正前面 10 m 处有一盏离地面 4 m 高的街灯,他沿着直线的方向朝着街灯走. 请问下列哪一个图像较准确地表示他在墙上投影的高度 $s$ 及他与墙壁距离 $x$ 的函数( ).

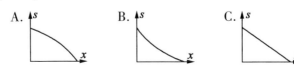

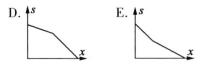

**解法 1** 如图 17, 设 $PQ$ 是灯, $VR$ 是强生且 $US$ 是墙. 设当强生离墙 $x$ m 时, 在墙上的影子高度是 $s$, 因此 $RS = x$ 且 $US = s$. 设 $U$ 与 $VR, PQ$ 上的 $A, B$ 在同一水平, 则 $PB = 4 - s, VA = 2 - s$, 故由相似三角形

$$\frac{4-s}{2-s} = \frac{10}{x}$$

$$4x - xs = 20 - 10s$$

$$s(x-10) = 4x - 20$$

$$= 4(x-10) + 20$$

所以

$$s = 4 + \frac{20}{x-10}$$

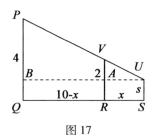

图 17

如图 18, 这是一条直角双曲线, 它对 $s > 0$ 和 $x > 0$ 是切题的.

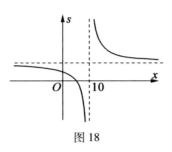

图 18

对 $0 < x < 10$,这表示直角双曲线的一部分,这是向下凹的. ( A )

**解法 2**  我们能直观地讨论,当强生较靠近墙时,影子将会慢慢地向下移动,而当他较远离墙时影子将会快速地下移,给出这样一条曲线,开始慢慢地下移,而当影子逼近地面时,更快速地下移,给出的形状如图 19 的曲线所示. ( A )

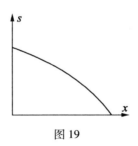

图 19

**26.** 如图 20 是一个 14 边形(有 14 个边的多边形),它有 5 个锐角. 对一个 2 001 边形,若它的任意两个边除了顶点处之外并不相交于内部,这个多边形最多可能有几个锐角?( )

A. 1 001          B. 667           C. 1 334

D. 1 335         E. 2 001

图 20

**解** 假设 $k$ 是锐角的个数. 则 2 001 边形的内角和小于 $k \times 90° + (2\,001 - k) \times 360°$. 但是 2 001 边形的内角和等于 $1\,999 \times 180°$, 故

$$1\,999 \times 180° < k \times 90° + (2\,001 - k) \times 360°$$

它化简成 $3k < 4\,006$ 从而 $k \leqslant 1\,335$.

现在我们证明 $k = 1\,335$ 是可能的.

考虑两个同心圆,一个比另一个大很多(3 倍半径是足够的).

如图 21,设 $A$ 是这两个圆的圆心.

设点 $B_1$ 到 $B_{1\,334}$ 沿大圆的圆心角小于 $90°$ 的一条弧上等距分布.

设 $C_0$ 到 $C_{667}$ 沿小圆的对应弧等距分布,且 $C_0$ 在 $AB_1$ 上而 $C_{667}$ 在 $AB_{1\,334}$ 上.

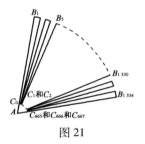

图 21

## 第3章 2001年试题

于是这2 001边形

$AB_1B_2C_1B_3B_4C_2B_5B_6C_3\cdots B_{1\,331}B_{1\,332}C_{666}B_{1\,333}B_{1\,334}$

有1 335个锐角,其中一个在 $A$ 而其余的在 $B_1$ 到 $B_{1\,334}$ 这些点. ( D )

**27.** 当 $x,y$ 和 $z$ 是任意实数时,表达式

$$\sqrt{x^2+1}+\sqrt{(y-x)^2+4}+\sqrt{(z-y)^2+1}+\sqrt{(10-z)^2+9}$$

的最小值是( ).

A. 7 　　　　B. 13 　　　　C. $4+\sqrt{109}$

D. $3+\sqrt{2}+\sqrt{90}$ 　　E. $\sqrt{149}$

**解** 如图22,若 $O,P,Q,R$ 和 $S$ 分别是点 $(0,0)$, $(x,1),(y,3),(z,4)$ 和 $(10,7)$,则

$$\sqrt{x^2+1}+\sqrt{(y-x)^2+4}+\sqrt{(z-y)^2+1}+\sqrt{(10-z)^2+9}$$

表示锯齿状的线 $OPQRS$ 的长度.

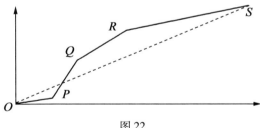

图 22

显然当 $O,P,Q,R$ 和 $S$ 共线时,该线的长度最短,且这长度是 $\sqrt{10^2+7^2}=\sqrt{149}$. ( E )

**28.** 如图23所示,点 $Q'$ 和 $R'$ 三等分 $X'X, Q'$ 较接

近 $X',R'$ 和 $P'$ 三等分 $Y'Y$ 且 $P'$ 和 $Q'$ 三等分 $Z'Z$. 请问 △$PQR$ 的面积与 △$P'Q'R'$ 的面积之比是什么?(　　)

A. $9:1$　　　　B. $16:1$　　　　C. $20:1$
D. $25:1$　　　E. $27:1$

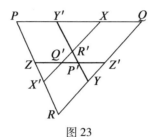

图 23

**解法 1**　由于 $Y'Z, XX'$ 和 $QR$ 分割 $ZZ'$ 和 $YY'$ 成同样比例,于是 $Y'Z \parallel XX' \parallel QR$.

类似地, $ZZ' \parallel PQ$ 且 $Y'Y \parallel PR$.

因此 △$ZX'Q \equiv$ △$P'R'Q'$

且 $YY' \parallel PR$.

由于 $XX' \parallel RQ$

$$PZ : ZX' : X'R = 2:1:2$$

即 $\dfrac{\triangle PXX' \text{ 的面积}}{\triangle PRQ \text{ 的面积}} = \dfrac{9}{25}$ 且 $\dfrac{\triangle X'ZQ \text{ 的面积}}{\triangle X'PX \text{ 的面积}} = \dfrac{1}{9}$,

所以

$$\dfrac{\triangle PQR \text{ 的面积}}{\triangle P'Q'R' \text{ 的面积}} = \dfrac{\triangle PQR \text{ 的面积}}{\triangle ZX'Q' \text{ 的面积}} = \dfrac{25}{9} \times \dfrac{9}{1} = 25:1$$

( D )

**解法 2**　给出 △$PQR$ 如图 24 所示,作 $PQ, QR$ 和 $RP$ 的平行线将其边分成五等分.

则点 $Q'$ 和 $R'$ 三等分 $X'X, R'$ 和 $P'$ 三等分 $Y'Y$, 且

$P'$ 和 $Q'$ 三等分 $Z'Z$.

这作图将 △$PQR$ 分成25个全等三角形,其中之一是 △$P'Q'R'$.

所以 △$PQR$ 的面积 = 25 × △$P'Q'R'$ 的面积,所以 △$PQR$ 的面积:△$P'Q'R'$ 的面积 = 25:1.

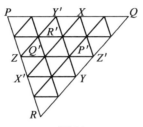

图 24

**29.** 一间 4 m × 4 m 房间的地板可以被8块 1 m × 2 m 的地毯以不同形式覆盖. 如图25所示的三种不同的形式:

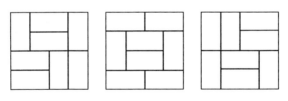

图 25

请问共有多少种不同的覆盖形式(　　).

A. 27　　　　B. 30　　　　C. 34

D. 36　　　　E. 52

**解**　考虑 4 m × 4 m 的地板. 在左上角固定的一种铺法且考虑接下来的可能情形. 1 m × 2 m 的地毯能以两种方式放在左上角(图26):

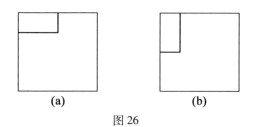

图 26

考虑图 26(a):

我们能以两种方式把第二块地毯放在左下角(图 27):

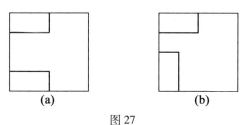

图 27

考虑图 27(a) 的情况.

这种铺法导致以两种铺的方式来放置左上角下面的一块地毯(图 28):

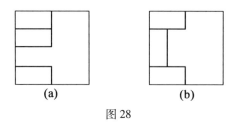

图 28

现在图 28(a) 的情况形成了图 29 的情况:

图 29

且图 29 的右边以一块水平地毯开始有三种方式来完成(图 30):

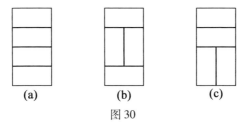

图 30

且以垂直地毯出发有两种方式(图 31):

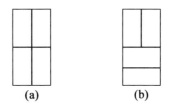

图 31

给出右手边的 5 种方式.

所以图 28(a) 能用 5 种方式完成.

图 28(b) 导致下一块地毯用两种方式放置:

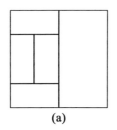
(a)
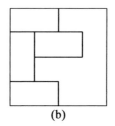
(b)

图 32

现在图 32(a) 的右手同图 29 一样能有 5 种方式完成,且图 32(b) 恰好能用一种方式完成如图 33:

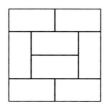

图 33

所以图 27(a) 能用 $(2 \times 5) + 1 = 11$ 种方式来完成.

考虑图 27(b).

这导致下一块地毯必是如图 34 所示:

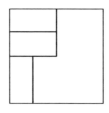

图 34

这导致两种情形,如图 35:

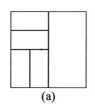 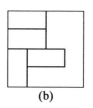

(a)　　　　　　　(b)

图 35

现在图 35(a) 的右手边如同图 29 能用 5 种方式完成,且图 35(b) 能用两种方式来完成,如图 36:

图 36

所以图 27(b) 能用 5 + 2 = 7 种方式来完成.

图 26(a) 因而能用 11 + 7 = 18 种方式来完成.

注意图 26(b) 刚好是图 26(a) 关于对角线的镜像反射,它也能以 18 种方式完成,所以不同的覆盖形式有 2 × 18 = 36 种. 　　　　　　( D )

# 第4章 2002年试题

**1.** $1.1 \times 0.7$ 等于( ).

A. 77   B. 7.7   C. 0.77

D. 0.707   E. 7.07

**解** $1.1 \times 0.7 = 0.77$.   ( C )

**2.** 如图1,将 $a$ 的值用 $c$ 来表示是( ).

A. $\dfrac{c}{2}$   B. $c - 20$   C. $c - 40$

D. $80 - c$   E. $100 - c$

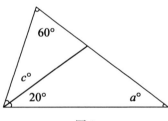

图1

**解** 较大三角形的内角和是$180°$.所以

$$60 + c + 20 + a = 180$$
$$a = 180 - 20 - 60 - c$$
$$= 100 - c \qquad ( E )$$

**3.** $250 - 249 + 248 - 247 + 246 - \cdots + 2 - 1$ 的和等于( ).

A. 125   B. 225   C. 250

D. 124　　　　E. 126

**解**　$250 - 249 + 248 - 247 + \cdots + 2 - 1$

$= (250 - 249) + (248 - 247) + \cdots + (2 - 1)$

$= 1 + 1 + 1 + \cdots + 1 (125 项)$

$= 125$　　　　　　　　　　　　　（ A ）

**4**. 以下哪一个最大?（　　）

A. 2 002　　　　B. $(20.02)^2$　　　C. $200^2$

D. $2 \times 10^4$　　E. $2\,002 \times 20.02$

**解**　　　　$(20.02)^2 < 441$

$200^2 = 40\,000$

$2 \times 10^4 = 20\,000$

$2\,002 \times 20.02 = 40\,040 + 400.4 > 40\,000$

（ E ）

**5**. 河岸的两旁有两棵树，其位置关系如图 2 所示，一些测量值也标记在图上，其单位为米，河宽为（　　）．

A. 50 m　　　　B. 60 m　　　　C. 48 m

D. 72 m　　　　E. 16 m

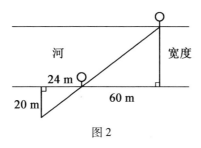

图 2

**解**　两三角形的对应角相等因而相似．于是

$$\frac{x}{20} = \frac{60}{24}$$

$$x = \frac{20 \times 60}{24}$$

$$= 50 \qquad （\text{A}）$$

**6.** 若 $a = \frac{3}{4}, b = \frac{4}{3}$ 且 $c = \frac{7}{9}$，则下列哪个不等式成立（    ）．

A. $b < c < a$，  B. $a < c < b$    C. $c < a < b$

D. $a < b < c$    E. $b < a < c$

**解**  将 $a, b$ 和 $c$ 用一公分母来表示，我们得

$$a = \frac{3}{4} = \frac{27}{36}, b = \frac{4}{3} = \frac{48}{36}, c = \frac{7}{9} = \frac{28}{36}$$

所以 $a < c < b$ 且所有其他的都应排除．    （  B  ）

**7.** 将一个超大的马铃薯加入原已装有 4 个马铃薯的袋子内后，使得袋子内马铃薯的平均重量增倍，则这个超大的马铃薯的重量与原有 4 个马铃薯的总重量之比是（    ）．

A. 3 : 2       B. 6 : 1        C. 8 : 3

D. 2 : 1       E. 8 : 1

**解**  设新的马铃薯重 $x$ 单位且原有的 4 个马铃薯重 $y$ 单位，则

$$2 \times \frac{y}{4} = \frac{x + y}{5}$$

$$10y = 4x + 4y$$

$$6y = 4x$$

$$\frac{x}{y} = \frac{3}{2} \qquad （\text{A}）$$

## 第4章 2002年试题

**8.** 在抄写某两个数相乘的习题时,小华将其中一个数45误写为54,结果他所得到的答案比正确答案大198.请问这个乘法问题的正确答案是多少?( )

A. 990　　　　B. 1 188　　　　C. 405
D. 945　　　　E. 1 200

**解** 设另一数是 $x$,则
$(x \times 54) - (x \times 45) = 198, 9x = 198, x = 22$
于是正确答案是 $22 \times 45 = 990$. 　　　( A )

**9.** $\sqrt{2}\sqrt{2\sqrt{2}}$ 等于( ).

A. $3\sqrt{2}$　　　　B. $2\sqrt[4]{2}$　　　　C. 2
D. $\sqrt[3]{2}$　　　　E. $\sqrt{6}$

**解** $\sqrt{2}\sqrt{2\sqrt{2}} = \sqrt{2}\sqrt{2}\sqrt[4]{2} = 2\sqrt[4]{2}$. 　　( B )

**10.** 如图3,$UVWX$是面积为24 cm² 的平行四边形,点 $M$ 及 $N$ 分别为 $UX$ 及 $VW$ 的中点,若 $X,N,P$ 三点共线且 $Q,M,W$ 三点共线,请问 $\triangle QOP$ 的面积为多少平方厘米?( )

A. 21 cm²　　　B. 24 cm²　　　C. 27 cm²
D. 30 cm²　　　E. 36 cm²

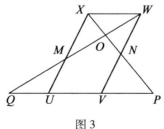

图3

**解** 由于 $XU \parallel WV$ 且 $M$ 是 $XU$ 的中点,于是

△UQM ≅ △XWM 且从而 $QU = XW = UV$.

类似地，$VP = UV$.

如图 4，现在 $O$ 是平行四边形 $MNWX$ 的对角线的交点，所以 $O$ 到 $MN$ 的高是平行四边形 $MNWX$ 高的一半.

因此 $△QOP$ 的高是平行四边形 $UVWX$ 高的 $\frac{3}{4}$.

因此

$$\frac{△QOP \text{ 的面积}}{\text{平行四边形 } UVWX \text{ 的面积}} = \frac{1}{2} \times \frac{△QOP \text{ 的底}}{\text{平行四边形 } UVWX \text{ 的底}} \times \frac{△QOP \text{ 的高}}{\text{平行四边形 } UVWX \text{ 的高}}$$

$$= \frac{1}{2} \times \frac{3}{1} \times \frac{3}{4}$$

$$= \frac{9}{8}$$

于是 $△QOP$ 的面积 $= \frac{9}{8} \times 24 = 27$. 　　　( C )

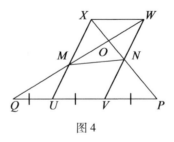

图 4

**11.** 某一个班级有 10 名男生及 15 名女生，其中有 2 名男生及 5 名女生是左撇子，从这个班级随意选取 2 名学生，这 2 名学生都是左撇子的概率是(　　　).

A. $\dfrac{7}{15}$    B. $\dfrac{21}{50}$    C. $\dfrac{7}{100}$

D. $\dfrac{18}{25}$    E. $\dfrac{7}{25}$

**解法 1**　这个班级中有 25 个学生,其中 7 个左撇子.

选第一个左撇子学生的概率是 $\dfrac{7}{25}$.

给定第一次选择是左撇子,则选第二个左撇子学生的概率是 $\dfrac{6}{24}$.

所以,选两个左撇子学生的概率是

$$\dfrac{7}{25} \times \dfrac{6}{24} = \dfrac{7}{100} \qquad (\ C\ )$$

**解法 2**　从 25 个学生中选 2 个方式数是 $\binom{25}{2}$.

从 7 个左撇子学生中选 2 个的方式数是 $\binom{7}{2}$,两个学生都是左撇子的概率因此是

$$\binom{7}{2} \Big/ \binom{25}{2} = \dfrac{7 \times 6}{1 \times 2} \times \dfrac{1 \times 2}{25 \times 24} = \dfrac{7}{100}$$

注意男生和女生数是与题不相干的,仅是左撇子学生数是与题有关的.

**12.** 如图 5,在高速公路上,一辆 3 m 长、时速 110 km 的汽车打算超越一辆 17 m 长、时速 100 km 同向行驶的卡车.汽车从开始追及到超越卡车总共费时 (　　).

A. 0. 5 s    B. 2 s    C. 4. 1 s

D. 5.6 s    E. 7.2 s

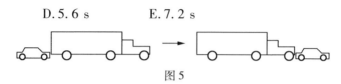

图 5

**解** 相对于这辆卡车,汽车以 10 km/h 行驶,且从开始追及到超越需行驶 $17+3=20(m)=\dfrac{20}{1\,000}$ km

$$t=\dfrac{20}{1\,000\times 10}\text{h}=\dfrac{20\times 60\times 60}{10\times 1\,000}$$

$$=\dfrac{72}{10}(s)=7.2(s) \qquad (\text{E})$$

**13**. 有一位农夫最近非常烦恼,因为有一条 4 m 宽的道路穿过他的矩形牧场,把牧场分成两个区块,他也因而失去部分的土地. 图 6 中,所标示的长度单位均为米,他失去了土地( ).

A. 120 m²    B. 150 m²    C. 160 m²

D. 200 m²    E. 250 m²

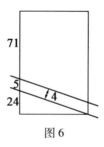

图 6

**解** 如图 7 所示,由边界画一条与路的两边垂直的线. 这构成一个斜边为 5、另一边为 4 的直角三角形,故剩下的一边为 3.

这个三角形相似于在这条路下方的三角形,故 $\dfrac{24}{x} = \dfrac{3}{4}$ 且 $x = 32$. 失去的面积是平行四边形的面积,即是

$$\text{高} \times \text{底} = 32 \times 5 = 160 \qquad (\ C\ )$$

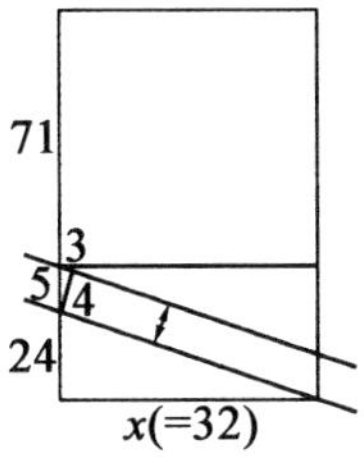

图 7

**14.** 数列 $a_1, a_2, a_3, \cdots$ 依照下述的定义给出: $a_{n+2} = \dfrac{1 + a_{n+1}}{a_n}$,其中 $n \geqslant 1$. 给定 $a_1 = 2$ 和 $a_2 = 5$,请问 $a_{2002}$ 的值为( ).

A. $\dfrac{3}{5}$    B. $\dfrac{4}{5}$    C. 2

D. 3    E. 5

**解**   $a_3 = \dfrac{1 + a_2}{a_1} = \dfrac{1 + 5}{2} = 3$

$a_4 = \dfrac{1 + a_3}{a_2} = \dfrac{1 + 3}{5} = \dfrac{4}{5}$

$a_5 = \dfrac{1 + a_4}{a_3} = \dfrac{1 + \dfrac{4}{5}}{3} = \dfrac{3}{5}$

$a_6 = \dfrac{1 + a_5}{a_4} = \dfrac{1 + \dfrac{3}{5}}{\dfrac{4}{5}} = 2$

$$a_7 = \frac{1+a_6}{a_5} = \frac{1+2}{\frac{3}{5}} = 5$$

所以 $a_6 = a_1$,且 $a_7 = a_2$,这表明此级数每五项后重回它自身. 因此 $a_{2\,002} = a_2 = 5$.　　　　　　( E )

**15**. 一个 $4 \times 4$ 的反幻方是指将数 $1 \sim 6$ 填入 $4 \times 4$ 方格表内,使得每行上、每列上、每条对角线上的数之和,经排序后恰好形成十个连续的正整数. 如图 8 是一个尚未完成的反幻方. ∗ 号所在方格内应填入(　　).

A. 1　　　　B. 2　　　　C. 8
D. 15　　　E. 16

|   |   | ∗ | 14 |
|---|---|---|---|
|   | 9 | 3 | 7 |
|   | 12| 13| 5 |
| 10| 11| 6 | 4 |

图 8

**解**　最右边的一列和已完成的主对角线和分别是 30 和 39,所以这十个相继数必须包含 30 到 39 的数. 左上角顶点的数必须是 8,因为 1 或 2 会使这对角线的和太小(27 或 28 太小),且 15 或 16 会使它太大(41 或 42).

已知的和数是 30,31,34 和 39,而仍然要填的数是 1,2,15 和 16.

我们推断第二行最左的数不能是 1,2 或 15,因为这些数将使这行的总和分别为 20,21 和 34. 星号"∗"

处因此必须放 15,因为 1 或 2 在该位置将使得这竖行总和为 23 或 24,而这两者太小.

完成的反幻方如图 9 所示. （ D ）

| 8 | 1 | 15 | 14 |
| --- | --- | --- | --- |
| 16 | 9 | 3 | 7 |
| 2 | 12 | 13 | 5 |
| 10 | 11 | 6 | 4 |

图 9

**16**. $N$ 是一个两位数,将 272 758 与 273 437 除以 $N$,所以得到的余数分别为 13 和 17,$N$ 的数字和是（ ）.

A. 6      B. 9      C. 10

D. 11      E. 12

**解**    $272\ 758 - 13 = 272\ 745 = aN$      （1）

         $273\ 437 - 17 = 273\ 420 = bN$      （2）

（2）－（1）给出 $675 = cN$

         $273\ 420 = 675 \times 405 + 45$

所以,$45 = dN$,但 $N > 15$,所以 $N = 45$.

（ B ）

**17**. 某班级有 40 名学生. 第一周,班上有一些学生参加第一次远足;第二周,班上有一些学生参加第二次远足;第三周,班上又有一些学生参加第三次远足. 当老师将参加这三次远足的学生人数加起来,他得到的总人数为 75 人. 已知三次远足全都参加的学生有 7 人. 又每位学生至少都参加一次远足,恰好参加两次远足的学生有(   ).

A. 14 人    B. 21 人    C. 26 人

D. 28 人    E. 33 人

**解** 设 $x,y$ 和 $z$ 分别是恰好参加一次、两次和三次远足的学生数

$$x + y + z = 40 \qquad (1)$$
$$x + 2y + 3z = 75 \qquad (2)$$

(2)-(1),我们得 $y + 2z = 35$.

由于 $z = 7, y = 21$. ( B )

**18.** 有座城堡的城墙围成四边形 $PQRS$ 的形状,如图 10 所示. 其中 $PQ = 40$ m, $QR = 45$ m, $RS = 20$ m, $SP = 20$ m,且 $\angle PSR = 90°$. 有一名卫兵在城墙外,依顺时钟方向沿着与城墙最近的距离保持为 2 m 的路径上巡逻,绕一圈后回到原出发点. 他总共走了(   ).

A. $(125 + 4\pi)$ m     B. $(121 + 5\pi)$ m

C. $(125 + 5\pi)$ m     D. $(121 + 6\pi)$ m

E. $(125 + 6\pi)$ m

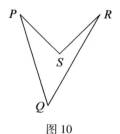

图 10

**解** 如图 11,这个城堡的顶点是 $P, Q, R$ 和 $S$. 卫兵的巡逻线有形状

$ABCDEFGA$

其中

$AB \parallel PS, BC \parallel SR, DE \parallel QR, FG \parallel QP, AP \perp PS$

$CR \perp SR, DR \perp QR, EQ \perp RQ, FQ \perp QP, GP \perp PQ$

又 $GA, CD, EF$ 是半径为 2 的圆的弧且使得

$$\angle GPA + \angle CRD + \angle EQF = 450°$$

所以这个巡逻线的长度是

$$18 + 18 + 45 + 40 + 5\pi = 121 + 5\pi$$

( B )

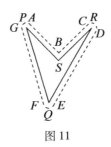

图 11

**19.** $\triangle PQR$ 是一个直角三角形,它的斜边 $PR$ 被点 $S$ 及点 $T$ 三等分,若 $QS^2 + QT^2 = kPR^2$, $k$ 的值是( ).

A. $\dfrac{5}{9}$  B. $\dfrac{2}{3}$  C. $\dfrac{1}{2}$

D. 2  E. $\dfrac{1}{4}$

**解法 1**  首先注意 $PR^2 = PQ^2 + QR^2$.

如图 12, 作 $LS \parallel QR$ 和 $SM \parallel PQ$.

注意到 $QL = \dfrac{2}{3}PQ$ 和 $QM = \dfrac{1}{3}QR$, 于是, $QS^2 = \dfrac{4}{9}PQ^2 + \dfrac{1}{9}QR^2$.

类似地，$QT^2 = \dfrac{1}{9}PQ^2 + \dfrac{4}{9}QR^2$.

因此，$QS^2 + QT^2 = \dfrac{5}{9}(PQ^2 + QR^2) = \dfrac{5}{9}PR^2$.

即 $k = \dfrac{5}{9}$.  （A）

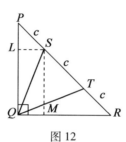

图 12

**解法 2**  如图 13
$$QS^2 = b^2 + c^2 - 2bc\cos\theta$$
$$QT^2 = b^2 + 4c^2 - 4bc\cos\theta$$
$$\cos\theta = \dfrac{b}{3c}$$

因此

$$\dfrac{QS^2 + QT^2}{PR^2}$$

$$= \dfrac{b^2 + c^2 - \dfrac{2b^2}{3} + b^2 + 4c^2 - \dfrac{4b^2}{3}}{9c^2}$$

$$= \dfrac{5c^2}{9c^2} = \dfrac{5}{9} \qquad\qquad (\text{A})$$

第 4 章　2002 年试题

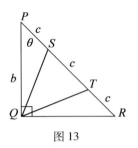

图 13

**20**. 一个递增的整数数列 $a_1, a_2, a_3, \cdots$ 满足下述关系式
$$a_n = a_{n-1} + a_{n-2} (n \geqslant 3)$$
若 $a_5 = 59$, 请问 $a_1$ 的最大可能值是多少?(　　).

A. 4　　　　B. 7　　　　C. 10
D. 11　　　E. 12

**解**　设 $a_1 = a, a_2 = b$, 且 $a_n = a_{n-1} + a_{n-2}$, 则前五项是
$$a, b, a+b, a+2b, 2a+3b$$
我们需要 $a_5 = 2a + 3b = 59$, 这里 $b > a$, 所以 $a \leqslant 11$. 当 $a = 11$ 时给出 $a_5 = 58$ 或 $a_5 > 59$, 而当 $a = 10, b = 13$ 时能给出所需答案.　　　　　　　( C )

注意这样的数列称为斐波那契数列.

**21**. 已知 $1 + 2 + 3 + 45 + 6 + 78 + 9 = 144$. 若只允许将 $1,2,3,4,5,6,7,8,9$ 中某些数字依序合并为一数及添上加法符号. 请问还有多少种其他不同的方法可以将它们组成和为 144 的等式?(　　)

A. 1　　　　B. 2　　　　C. 3
D. 4　　　　E. 5

**解**　包括一个三位数的最小和是

$$123 + 4 + 5 + 6 + 7 + 8 + 9 > 144$$
所以这个和只包括一位数和两位数.

在两个相继数 $n$ 和 $n+1$ 之间去掉加号增加总和 $9n$ ($10n + n + 1 - (n + n + 1) = 9n$),例如 $3 + 4$ 换成 $34$ 增加总和 $27$,它是 $3 \times 9$. 现在 $1 + 2 + 3 + 4 + 5 + 6 + 7 + 8 + 9 = 45$,因而为得到总和 $144$,我们需要增加 $99$,即 $11 \times 9$.

从给定的例子出发,$3 + 4$ 换成 $34$,再 $8 + 9$ 换成 $89$,就能做到,即得
$$1 + 2 + 34 + 5 + 6 + 7 + 89 = 144$$
或 $1 + 2, 3 + 4$ 和 $7 + 8$ 换成 $12, 34$ 和 $78$ 得到
$$12 + 34 + 5 + 6 + 78 + 9 = 144$$
或 $1 + 2, 4 + 5$ 和 $6 + 7$ 换成 $12, 45$ 和 $67$ 得到
$$12 + 3 + 45 + 67 + 8 + 9 = 144$$

没有增加总和 $11$ 个 $9$ 的其他方法,例如在同样的等式中不可能把 $5 + 6$ 换成 $56$ 且同时把 $6 + 7$ 换成 $67$.

于是另外的方法数是 $3$. ( C )

**22.** 一个 $77 \times 81 \times 100$ 的长方体被切割为许多边长为 $1$ 的小正方体,正立方体的每个面都与原长方体对应的面平行,请问长方体内部的一条对角线共穿透多少个小正方体?( )

A. $255$ 个     B. $256$ 个     C. $257$ 个

D. $258$ 个     E. $259$ 个

**解** 设 $X$ 和 $Y$ 是问题中直线的两个端点. 对 $XY$ 切割其公共面的每两个立方体,联结它们的中心. 由于 $77, 81, 100$ 的任两个互质,直线 $XY$ 除在点 $X$ 和 $Y$ 外不

穿过这些立方体的棱. 因此联结这些被 XY 切割的立方体的中心的折线 L 开始于最接近 X 的立方体的中心, 终结于最接近于 Y 的立方体的中心, 且由长度为 1 平行于这个长方体对应的棱的直线段组成. 所以 L 由 76 + 80 + 99 = 255 个长度为 1 的线段组成, 所以有 256 个立方体被 XY 切割.　　　　　　( B )

**23.** 在图 14 中, $\dfrac{PQ}{PR} = \dfrac{QS}{RS}$, $\angle PQR = 38°$, 且 $\angle PRQ = 46°$. 请问 $\angle RPS$ 的度数为 (　　).

A. $42°$  　　　B. $43°$  　　　C. $44°$
D. $45°$  　　　E. $46°$

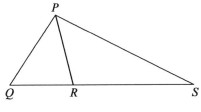

图 14

**解法 1**　在这个问题中我们可以考虑一般的情形.

如图 15, 作 $QT$ 平行于 $RP$, 与 $SP$ 的延长线相交于 $T$.

设 $\angle PQR = \alpha$, $\angle QRP = \beta$ 和 $\angle RPS = \phi$.

由于 $\angle SQT = \angle SRP$ 且 $\angle QST$ 是公共角, $\triangle QTS \backsim \triangle RPS$.

于是 $\dfrac{QT}{PR} = \dfrac{QS}{RS}$, 且 $\dfrac{PQ}{PR} = \dfrac{QS}{RS}$ 已给定, 所以

$$QT = PQ$$

因此 $\triangle PTQ$ 是等腰的,且 $\angle QPT = \angle QTP = 90° - \left(\dfrac{\theta}{2}\right)°$.

现在 $TQ \parallel PR$,因此

$$\phi = 90° - \left(\dfrac{\theta}{2}\right)°$$

$$= \dfrac{180° - (180 - \alpha - \beta)°}{2}$$

$$= \left(\dfrac{\alpha + \beta}{2}\right)°$$

在这种特殊情形下,$\alpha = 38°$ 和 $\beta = 46°$,所以 $\angle RPS = \phi = 42°$. ( A )

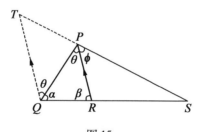

图 15

**解法 2** 如图 16,仍然可以考虑一般的情形. 在 $\triangle PQS$ 中用正弦定律,我们得

$$\dfrac{PQ}{\sin \gamma} = \dfrac{QS}{\sin(\theta + \phi)} \qquad (1)$$

由 $\triangle PRS$

$$\dfrac{PR}{\sin \gamma} = \dfrac{RS}{\sin \phi} \qquad (2)$$

第 4 章　2002 年试题

（1）÷（2）

$$\frac{PQ}{PR} = \frac{QS\sin\phi}{RS\sin(\theta+\phi)}$$

$\frac{PQ}{PR} = \frac{QS}{RS}$ 已给定，故

$$\sin\phi = \sin(\theta+\phi)$$

现在 $\theta \neq 0$. 所以

$$\phi + (\theta+\phi) = 180$$

即

$$2\phi = 180 - \theta$$
$$2\phi = \alpha + \beta$$
$$\phi = \frac{\alpha+\beta}{2}$$

且在这特殊情形

$$\angle RPS = \phi = \frac{\alpha+\beta}{2} = \frac{38+46}{2} = 42°$$

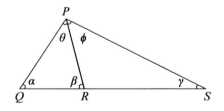

图 16

**解法 3**　如图 17，作具有边 $ST = QS$ 的 $\triangle PST$
$$PQ = b, PR = a, QS = d, RS = c$$

因 $\frac{b}{a} = \frac{d}{c}$，$\triangle PQR \backsim \triangle STR$.

$\triangle QST$ 是等腰的，因而 $\angle TQS = 42°$.

且 $RT = \dfrac{(d-c)d}{b}$ 和 $\dfrac{a}{d-c} = \dfrac{c}{\dfrac{(d-c)d}{b}}$，因而

△$QRT$ ∽ △$RPS$. 所以 ∠$RPS = 42°$.

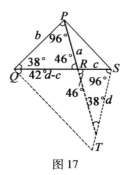

图 17

24. 在
$$1 + 11 + 111 + \cdots + \underbrace{111\cdots111}_{2\,002\text{位数}}$$
的结果中,请问数字 1 出现了多少次?(　　).

A. 512 次　　　B. 2 002 次　　C. 1 001 次

D. 224 次　　　E. 223 次

**解** $S = 1 + 11 + 111 + \cdots + \underbrace{111\cdots111}_{2\,002\text{位数}}$

$10S = 10 + 110 + 1\,110 + \cdots + \underbrace{111\cdots110}_{2\,002\text{位数}} + \underbrace{111\cdots110}_{2\,003\text{位数}}$

$9S = -1 - 1 - 1 - \cdots - 1 + \underbrace{111\cdots110}_{2\,003\text{位数}}$

$= -2\,002 + \underbrace{111\cdots110}_{2\,003\text{位数}}$

$= \underbrace{111\cdots1\,100\,000}_{2\,003\text{位数}} + 11\,110 - 2\,002$

$= \underbrace{111\cdots1\,100\,000}_{2\,003\text{位数}} + 09\,108$

$= \underbrace{111\cdots1\,109\,108}_{2\,003\text{位数}}$

第4章 2002年试题

于是 $S = \underbrace{111\cdots1}_{2\,003\text{位数}}\,109\,108/9$.

现在 111 111 111 被 9 除确切地给出 012 345 679. 由于 $2\,003 = 222 \times 9 + 5$. 我们也需要计算 $09\,108/9 = 01\,012$. 所以如果我们将 $9S$ 分裂成长度为 9 的 222 段再加上 09 108, 我们得到

$$S = \underbrace{012\,345\,679\cdots01\,234\,567\,901\,012}_{222\text{次}}$$

结果中 1 的个数是 $222 + 2 = 224$.　　　　( D )

# 第5章 2003年试题

**1.** 以下哪一个值是最接近9的?( )

A.9.2　　　　B.8.17　　　　C.8.7

D.9.21　　　E.8.71

**解** 选项中依次与9的差是0.2,0.83,0.3,0.21和0.29. ( A )

**2.** $5x-3-(3-5x)$ 等于( ).

A.0　　　　B.10$x$　　　　C.6

D.10$x-6$　　E.6$x$

**解** $5x-3-(3-5x)=5x-3-3+5x=10x-6$. ( D )

**3.** 某地昨天上午的气温为 $-7\ ℃$,到了昨天下午,其气温为 $5\ ℃$.请问气温上升了多少摄氏度?( )

A.2 ℃　　　B.8 ℃　　　C.10 ℃

D.12 ℃　　　E.14 ℃

**解** 气温升高 $5-(-7)=12\ ℃$. ( D )

**4.** 有一个数加上它的 $\frac{1}{3}$ 所得的结果为36,则这个数为( ).

A.9　　　　B.18　　　　C.27

D.15　　　E.24

**解** 若这个数是 $x$,则这个数加它自身的 $\frac{1}{3}$ 是

$$x + \frac{x}{3} = 36$$
$$x = 27 \qquad\qquad (\ C\ )$$

**5.** $\frac{1}{2}$ 和 $\frac{2}{3}$ 的平均值是( ).

A. $\frac{1}{5}$ B. $\frac{1}{3}$ C. $\frac{7}{12}$

D. $\frac{5}{12}$ E. $\frac{5}{6}$

**解**  $\frac{1}{2}$ 和 $\frac{2}{3}$ 的平均值是

$$\frac{1}{2}\left(\frac{1}{2}+\frac{2}{3}\right)=\frac{1}{2}\left(\frac{3+4}{6}\right)$$
$$=\frac{7}{12} \qquad\qquad (\ C\ )$$

**6.** 已知一个三角形有两个边的边长分别为 5 cm 和 7 cm. 则第三边长不可以是( ).

A. 11 cm  B. 10 cm  C. 6 cm

D. 3 cm   E. 1 cm

**解**  由于三角形的任意两边之和大于第三边,而 1 不可能是这三角形的一边,由于 1+5 < 7,而所有其他的与 5 和 7 的组合都满足三个三角形不等式.

( E )

**7.** 小杰到拉脱维亚旅游,已知拉脱维亚的货币 1 拉元等于 1.50 美元,而 1 澳元等于 0.60 美元,则 1 拉元等值于( ).

A. 1.80 澳元  B. 2.50 澳元  C. 2.75 澳元

D. 2.00 澳元  E. 3.00 澳元

**解** 1 拉元等于 1.50 美元,也等值于

$$1.50 \div 0.60 = \frac{16}{5} = \frac{5}{2} = 2.50(澳元) \quad (\text{ B })$$

**8.** 对如图 1 所示的三条直线,请问以下哪一个不等式成立?(    ).

A. $c < a < b$    B. $b < c < a$    C. $a < c < b$
D. $c < b < a$    E. $a < b < c$

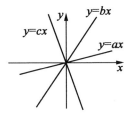

图 1

**解** 由图我们能看到 $c < 0$ 和 $a, b > 0$.

而且直线 $y = bx$ 有比直线 $y = ax$ 更大的斜率,故 $a < b$,于是 $c < a < b$.    (  A  )

**9.** $9^{20} + 9^{20} + 9^{20}$ 等于(    ).

A. $9^{20}$    B. $3^{66}$    C. $9^{23}$
D. $3^{41}$    E. $3^{23}$

**解**
$$\begin{aligned}
9^{20} + 9^{20} + 9^{20} &= 3 \times 9^{20} \\
&= 3 \times (3^2)^{20} \\
&= 3 \times 3^{40} \\
&= 3^{41} \quad (\text{ D })
\end{aligned}$$

**10.** 在图 2 中,请问如何用 $a$ 表示出 $d$(    ).

A. $\frac{3a}{4}$    B. $\frac{a}{2}$    C. $\frac{a}{3}$

D. $\dfrac{a}{4}$  E. $\dfrac{2a}{3}$

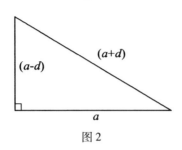

图 2

**解** 由勾股定理,我们有
$$(a+b)^2 = (a-d)^2 + a^2$$
$$a^2 + 2ad + d^2 = a^2 - 2ad + d^2 + a^2$$
$$4ad = a^2$$
$$4d = a$$
$$d = \dfrac{a}{4} \qquad (\text{D})$$

11. 以图 3 中的黑点作为顶点,请问可画出多少个三角形?(   )

A. 28 个   B. 10 个   C. 12 个
D. 22 个   E. 24 个

图 3

**解** 从水平线上选取两点有 $\dbinom{5}{2}$ 种方式. 这些对

的每一对能与下面的两点中任一点相匹配构成一个三角形,因此有 $2 \times \binom{5}{2}$ 种方式用水平线中两点构成一个三角形. 又用水平线下面的两点与顶上横行的四点之一有 4 个可能的三角形.

因此总数是 $2 \times \binom{5}{2} + 4 = 24$.　　　　( E )

**12**. 若 $f$ 由

$$f(x) = \begin{cases} x+1, x < 3 \\ x+3, x \geq 3 \end{cases}$$

定义. 则 $f(4) - f(2)$ 的值等于(　　).

A. 2　　　　B. 3　　　　C. 4

D. 5　　　　E. 6

**解**　$f(4) - f(2) = 7 - 3 = 4$.　　　　( C )

**13**. 在图 4 中,每一个正三角形的边长都是中间那个正六边形边长的两倍. 请问正六边形的面积占六个正三角形面积总和的几分之几?(　　)

A. $\dfrac{1}{6}$　　　　B. $\dfrac{1}{12}$　　　　C. $\dfrac{3}{4}$

D. $\dfrac{1}{4}$　　　　E. $\dfrac{2}{3}$

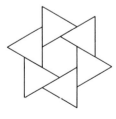

图 4

**解** 如图5,每个三角形包含四个边长等于六边形边长的较小等边三角形,这六边形由六个小三角形构成

因此正六边形的面积占六个正三角形面积总和的 $\dfrac{6}{6\times 4}=\dfrac{1}{4}$. ( D )

图5

14. 给定 $\dfrac{4x-y}{4x+2y}=\dfrac{2}{5}$,则 $\dfrac{4x+y}{4x-2y}$ 等于( ).

A. 1　　　　B. 2　　　　C. 3

D. 4　　　　E. 5

**解** 我们给定

$$\dfrac{4x-y}{4x+2y}=\dfrac{2}{5}$$

令 $z=\dfrac{x}{y}$. 则

$$\dfrac{4z-1}{4z+2}=\dfrac{2}{5}$$

故

$$z=\dfrac{3}{4}$$

$$\frac{4x+y}{4x-2y} = \frac{4z+1}{4z-2} = \frac{4}{1} = 4 \quad (\text{D})$$

**15.** 使得 $10^n - 1$ 是 63 的倍数的最小正整数 $n$ 是（　）．

A．8　　　　B．7　　　　C．6

D．5　　　　E．4

**解法 1** 注意到 $63 = 9 \times 7$，且对任意数 $n$，$10^n - 1 = 999\cdots9$，它被 9 整除．

所以，我们只需找到使得 $10^n - 1$ 被 7 整除的最小的 $n$．

$10^4 - 1 = 9\,999$ 不被 7 整除；

$10^5 - 1 = 99\,999$ 不被 7 整除；

$10^6 - 1 = 999\,999 = 142\,857 \times 7$，被 7 整除．

（C）

**解法 2** $\dfrac{1}{7} = 0.\dot{1}4285\dot{7}$ 是一个循环小数．

于是 $10^6 \times \dfrac{1}{7} = 142\,857.\dot{1}4285\dot{7}$

且由此 $\dfrac{10^6 - 1}{7} = 142\,857.$　　　（C）

**16.** 一列火车于中午 12 时离开堪培拉驶往悉尼，另一列火车则于 40 min 后离开悉尼驶往堪培拉．若两列火车以相同的均匀的速度在同一路线上行驶，全程各需时 $3\dfrac{1}{2}$ h．请问这两列火车在什么时刻相遇（　）．

A．下午 1∶45　　B．下午 2∶00　　C．下午 2∶05

D. 下午 2∶15　　E. 下午 2∶25

**解**　设堪培拉开出的火车下午 12∶40 在点 $P$,此时另一火车离开悉尼.

悉尼开出的火车到达 $P$ 的时间与堪培拉发出的火车到达悉尼的时间相同,即是在下午 3∶30,这是在第一列火车到达 $P$ 之后 170 min.

由于两列火车以同样的速度行驶,它们在 $P$ 和悉尼之间的中点处相遇,即在下午 12∶40 后 85 min,即在下午 2∶05 相遇.　　　　　　　　　( C )

**17.** 在图 6 中,请问阴影区域的面积是多少平方单位( ).

A. 38　　　　B. 24　　　　C. 42
D. 10　　　　E. 34

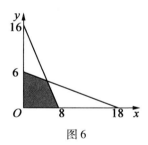

图 6

**解**　如果 $l$ 和 $m$ 是图 7 所示的两直线,直线 $l$ 有斜率 $-\dfrac{16}{8} = -2$. 其方程则是

$$y = -2x + 16$$

类似地直线 $m$ 的方程是

$$y = -\dfrac{1}{3}x + 6$$

解联立方程得它们的交点坐标

$$-2x + 16 = -\frac{1}{3}x + 6$$

$$-6x + 48 = -x + 18$$

$$5x = 30$$

$$x = 6, y = 4$$

故交点是 $(6,4)$.

阴影面积因而是两个三角形的面积,一个底为 6 高为 6,另一个底为 8 高为 4,所以面积是

$$\frac{1}{2}(8 \times 4) + \frac{1}{2}(6 \times 6) = 34 \quad (\quad E\quad)$$

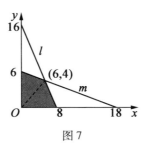

图 7

**18.** 如图 8,在 $\triangle PQR$ 中,$\angle PQR = \angle PRQ = 70°$,且 $S$ 和 $T$ 分别是 $PQ$ 和 $PR$ 上的点,使得 $\angle RQT = 55°$ 而 $\angle QRS = 40°$。则 $\angle PST$ 的大小是( ).

A. $20°$      B. $25°$      C. $30°$

D. $35°$      E. $40°$

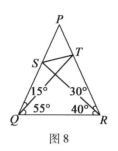

图8

**解** 在图8中，∠PRQ = 70°，且∠RQT = 55°推断出∠QTR = 180° − (70° + 55°) = 55°. 因此△QRT是等腰的，且RQ = RT. 也因∠QRS = 40°和∠PQR = 70°. 由此推断出∠QSR = 180° − (40° + 70°) = 70°. 所以△QRS是等腰的，且RQ = RS.

可得△RTS是等腰，所以∠RST = 75°. 因此∠PST = 180° − (70° + 75°) = 35°.     ( D )

**19**. 小于10 000的数中，请问有多少个数其所有位数上的数字的乘积等于84？(      )

A. 24        B. 30        C. 42
D. 72        E. 84

**解** 没有一位或两位数使得其各位数字的积为84.

其各位数字的积等于84的一个三位数的各位数字或者是3,4,7，或2,6,7. 因此有 2 × 3! = 12 个这样的三位数.

其各位数字的积等于84的四位数的各位数字是1,3,4,7或1,2,6,7或2,2,3,7. 前两种情形的每一种有4! = 24个这样的数. 而在第三种情形有 $\frac{4!}{2}$ = 12 个这样的数.

因此答案是 12 + 24 + 24 + 12 = 72.　　( D )

20. 如图 9,请问从点 $P$ 最多可以依序开出多少辆汽车,使得当它们抵达点 $Q$ 时,车子的顺序正好与从点 $P$ 出发时的顺序相反?车子只能由左往右行驶,并且由于道路狭窄,规定不可在路上超越前面的车辆.
(  )

A. 6 辆　　　　B. 5 辆　　　　C. 8 辆
D. 4 辆　　　　E. 7 辆

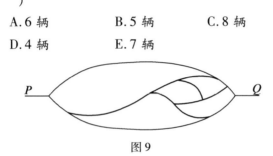

图 9

**解**　为计算从 $P$ 到 $Q$ 的不同路径数.我们发现有 6 种不同的路,图 10 中的数这显示到达一特定交点的不同路径的条数.

这表明汽车数必须小于或等于 6,由于这些汽车能经过标记黑点的位置且可以按任意次序开出,因此最多 6 辆汽车能按相反次序到达终点.　　( A )

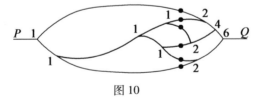

图 10

21. 对于每一个正奇数 $n$,使得
$$n^{12} - n^8 - n^4 + 1$$

可被 $2^k$ 整除的最大正整数 $k$ 的值为（　　）.

A. 6　　　　B. 7　　　　C. 8

D. 9　　　　E. 10

**解**　由于 $N = n^{12} - n^8 - n^4 + 1$ 能分解因式成

$$N = (n^4+1)(n^2+1)^2(n+1)^2(n-1)^2$$

这里所有 7 个因数都是偶数, 由此推导出 $2^7 \mid N$.

而且由于 $n-1$ 和 $n+1$ 是相继的偶数, 其中之一也是 4 的倍数. 所以有 2 的一个外加的因数. 最后, 由于 $n-1$ 和 $n+1$ 作为因数出现两次, 由此推断出 $k = 7 + 2 = 9$; 即 $2^9 \mid N$.

也有

$$\begin{aligned}3^{12}-3^8-3^4+1 &= (3^4+1)(3^2+1)^2(3+1)^2(3-1)^2\\ &= 2 \times 41 \times 2^2 \times 5^2 \times 2^4 \times 2^2 \\ &= 2^9 \times 5^2 \times 41\end{aligned}$$

这样 $2^{10}$ 不能对所有 $n$ 整除 $n^{12} - n^8 - n^4 + 1$.

（D）

22. 如图 11, 在 △PQR 中, $PQ = QR$. 点 $S$ 在 $PR$ 上, 使得 $PS = 15$ 且 $SR = 21$. 一圆分别切直线 $PQ, QS$ 及 $SP$ 于点 $X, Y$ 及 $Z$. 另一圆分别切直线 $RQ, QS$ 及 $SR$ 于点 $U, V$ 及 $W$.

则线段 $YV$ 的长度为（　　）.

A. 2　　　　B. 3　　　　C. 4

D. 5　　　　E. 6

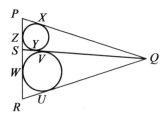

图 11

**解** 设 $SV = a$ 和 $SY = b$.

由于从一点到一圆的两切线长度相等,$SW = a$ 且 $WR = 21 - a$.

由于 $VQ = UQ$ 和 $WR = UR$,我们有
$$RQ - SQ = WR - WS = 21 - 2a$$

类似地
$$PQ - SQ = 15 - 2b$$

由于
$$PQ = RQ, RQ - SQ = PQ - SQ$$

故
$$21 - 2a = 15 - 2b$$

所以 $a - b = 3$,推断出 $YV = 3$. （ B ）

23. 给定 $f(11) = 11$ 且对所有 $n$
$$f(n+3) = \frac{f(n) - 1}{f(n) + 1}$$

则 $f(2\,003)$ 的值是( ).

A. 11      B. $-\dfrac{1}{11}$      C. 2 003

D. $-\dfrac{1}{2\,003}$      E. $\dfrac{1}{121}$

**解** 我们注意到

$$f(n+6) = \frac{f(n+3)-1}{f(n+3)+1}$$

$$= \frac{\frac{f(n)-1}{f(n)+1} - 1}{\frac{f(n)-1}{f(n)+1} + 1}$$

$$= \frac{f(n)-1-(f(n)+1)}{f(n)-1+(f(n)+1)}$$

$$= \frac{-1}{f(n)}$$

所以

$$f(n+12) = \frac{-1}{f(n+6)} = \frac{-1}{\frac{-1}{f(n)}} = f(n)$$

于是

$$f(11+12) = f(11) = 11$$
$$f(11+24) = f(11) = 11$$
$$\vdots$$
$$f(2\,003) = f(11+166 \times 12) = f(11) = 11$$

( A )

**24.** 一个矩形被分割为四个小矩形,其中两个小矩形的面积如图 12 所示. 在数 58,60,63,65 及 72 当中,请问有几个数可能是矩形的面积( ).

A. 1        B. 2        C. 3
D. 4        E. 5

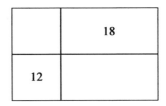

图 12

**解** 如图 13,假设面积是 $x$ 和 $y$ 而长度是 $a$ 和 $b$. 则由比例 $\dfrac{a}{b}=\dfrac{x}{12}=\dfrac{18}{y}$,故 $xy=216$. 则总面积是

$$A = x + y + 12 + 18$$

$$= x + \frac{216}{x} + 30$$

$$\geq 2\sqrt{216} + 30 (由算术平均-几何平均不等式)$$

$$= 12\sqrt{6} + 30 \approx 59.4$$

所以答案 58 是不可能的,但如果 $A=60,63,65$ 或 $72$,则对 $x$ 的二次方程

$$x^2 + (30-A)x + 216 = 0$$

有解,所以有 4 种可能的面积. ( D )

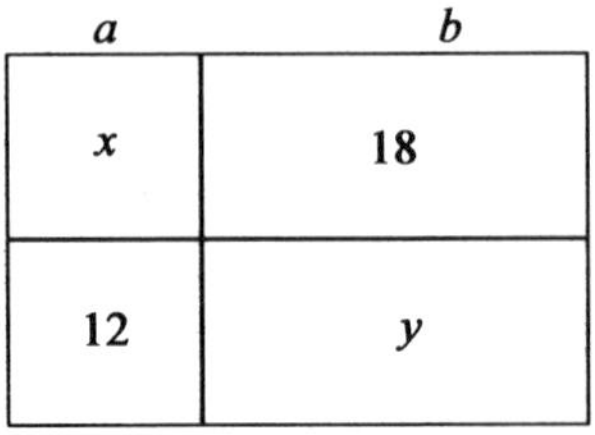

| $a$ | $b$ |
|---|---|
| $x$ | 18 |
| 12 | $y$ |

图 13

**注** $(a-b)^2 \geq 0, a^2+b^2 \geq 2ab, (a+b)^2 \geq 4ab.$ $\frac{a+b}{2} \geq \sqrt{ab}$ 是算术平均 – 几何平均不等式.

**25.** $N$ 是一个四位数,将它除以 21 所得的余数为 10;将它除以 23 所得的余数为 11;将它除以 25 所得的余数为 12. 则 $N$ 的数字和为( ).

A. 7　　　　B. 13　　　　C. 16

D. 19　　　　E. 22

**解法 1**　设这个数是 $N$.

则
$$N = 10 + 21a = 11 + 23b = 12 + 25c$$

且
$$21a = 1 + 23b, 11 \times 21 = 231 = 10 \times 23 + 1$$

故
$$a = 11 + 23d$$

再有
$$N = 10 + 21(11 + 23d) = 241 + 23 \times 23d = 12 + 25c$$

按模 25 计算
$$16 + 8d \equiv 12 \pmod{25}$$
$$8d \equiv 21 \pmod{25}$$
$$d \equiv 12 \pmod{25}$$

因此 $N = 10 + 21 \times 11 + 21 \times 23 \times 12 \pmod{21 \times 23 \times 25}$.

即 $N = 6\,037$ 加 $12\,075$ 的倍数.

所以 $N = 6\,037$ 且它的各位数字之和是 16.

( C )

**解法 2**　考虑 $K = 2N + 1$. 由于 $N$ 被 21 除时余数

10, $K$ 被 21 整除.

类似地 $K$ 被 23 和 25 整除.

所以 $K$ 被 $21 \times 23 \times 25 = 12\,075$ 整除,因为 21,23 和 25 是互质的.

因为 $N$ 是四位数,$K = 12\,075$.

因此 $N = \dfrac{K-1}{2} = 6\,037$ 且其各位数字之和是 16.

26. 如图 14,将一个正立方体的所有的角截去,截去的角锥尽量地大,使得截出来的三角形面互相在顶点相交(这个形状称为截尽角正六面体). 若这些截出的三角形的所有边长都等于 1 cm,剩下的形体的体积为( ).

A. $2\sqrt{2} - \dfrac{2\sqrt{7}}{3}$    B. $\dfrac{4\sqrt{2}-1}{3}$    C. $\dfrac{4\sqrt{2}}{3}$

D. $\dfrac{5\sqrt{2}}{3}$    E. $\dfrac{5\sqrt{3}}{2}$

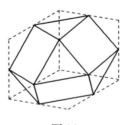

图 14

**解法 1** 原立方体的边长是 $\sqrt{2}$,而其体积是 $2\sqrt{2}$.

我们必须从这个体积减去八个截去的隅角. 所以我们需要计算一个隅角的体积.

它是一个以边长为 1 的等边三角形为底的三棱

锥,因而底面体是 $\frac{\sqrt{3}}{4}$.

我们现在需要算它的高.

在图 15 中,$R$ 是顶面的中点,$P$ 是 $AB$ 的中点,也是 $VR$ 的中点,$Q$ 是从 $V$ 到直线 $CP$ 的垂线的垂足,$VQ$ 的长度是我们需要的高.

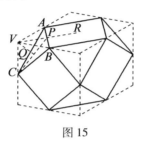

图 15

$\triangle AVB$ 是等腰直角三角形,直角在 $V$,$AB = 1$,故 $VP = \frac{1}{2}$. 又 $VC$ 是原立方体的边的一半,故 $VC = \frac{\sqrt{2}}{2}$.

$\triangle PVC$ 是直角在 $V$ 的直角三角形,故 $PC = \frac{\sqrt{3}}{2}$.

又 $\triangle PQV$ 和 $\triangle PVC$ 相似,故我们得 $VQ = \frac{\sqrt{6}}{6}$.

于是一个隅角的体积是

$$\frac{1}{3} \times \frac{\sqrt{3}}{2} \times \frac{\sqrt{6}}{6} = \frac{\sqrt{2}}{24}$$

这个截尽角正六面体的体积则是

$$2\sqrt{2} - 8 \times \frac{\sqrt{2}}{24} = \frac{5\sqrt{2}}{3} \qquad (\ D\ )$$

**解法 2**　如图 16,用勾股定理,这个立方体的边长是 $\sqrt{2}$ 且其体积是 $2\sqrt{2}$.

每个截去的四面体有体积 $\dfrac{1}{6}abc$,其中 $a,b,c$ 是其边长.

所以每个四面体有体积 $\dfrac{1}{6}\cdot\dfrac{\sqrt{2}}{2}\cdot\dfrac{\sqrt{2}}{2}\cdot\dfrac{\sqrt{2}}{2}$.

且由于有八个,故此截尽角正六面体的体积是

$$2\sqrt{2}-\dfrac{2\sqrt{2}}{6}=\dfrac{5}{6}\times2\sqrt{2}=\dfrac{5\sqrt{2}}{3}\quad(\quad D\quad)$$

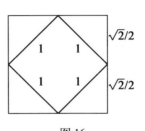

图 16

**27.** 请问方程 $\sqrt[3]{2x+14}-\sqrt[3]{2x-14}=\sqrt[3]{4}$ 共有多少个实根?(　　)

A.0 个　　　　B.1 个　　　C.2 个

D.3 个　　　　E.4 个

**解** 给出方程

$$\sqrt[3]{2x+14}-\sqrt[3]{2x-14}=\sqrt[3]{4}$$

令 $\sqrt[3]{2x+14}=a$ 和 $\sqrt[3]{2x-14}=b$.

则 $a^3-b^3=28$ 和 $a-b=\sqrt[3]{4}$. 现在

$$a=2^{\frac{2}{3}}+b$$

$$a^3=2^2+3\times2^{\frac{4}{3}}\times b+3\times2^{\frac{2}{3}}\times b^2+b^3$$

$$a^3-b^3=2^2+3\times2^{\frac{4}{3}}\times b+3\times2^{\frac{2}{3}}\times b^2$$

$$2^2 + 3 \times 2^{\frac{4}{3}} \times b + 3 \times 2^{\frac{2}{3}} \times b^2 - 28 = 0$$

$$2^{\frac{2}{3}}b^2 + 2^{\frac{4}{3}} \cdot b - 8 = 0$$

$$b = \frac{-2^{\frac{4}{3}} \pm \sqrt{2^{\frac{8}{3}} + 4 \times 2^{\frac{2}{3}} \times 8}}{2 \times 2^{\frac{2}{3}}}$$

$$= \frac{2^{\frac{4}{3}}(-1 \pm 3)}{2^{\frac{5}{3}}}$$

$$= \frac{-1 \pm 3}{2^{\frac{1}{3}}}$$

于是

$$b = \frac{-4}{2^{\frac{1}{3}}} = \frac{-2^2}{2^{\frac{1}{3}}} = -2^{5-3}$$

或

$$b = \frac{2}{2^{\frac{1}{3}}} = 2^{\frac{2}{3}}$$

所以

$$(2x - 14)^{\frac{1}{3}} = -2^{\frac{5}{3}}$$
$$2x - 14 = -32$$
$$x = -9$$

或

$$(2x - 14)^{1/3} = 2^{\frac{2}{3}}$$
$$2x - 14 = 4$$
$$x = 9$$

在原方程中检验这两个可能的解显示 $-9$ 和 $9$ 满足. 因而是两个实数根.       ( C )

**28.** 一个由某些正整数所组成的集合具有以下的

性质:

(a) 这个集合中的每一个元素,除了1以外,都至少可被2,3或5中的一个数整除.

(b) 对于任意整数$n$,若此集合包含有$2n,3n$或$5n$中的一个,则此集合必同时包含有$n$及$2n,3n,5n$.

已知此集合的元素个数介于300和400之间. 请问此集合到底有多少个元素?(　　)

A. 324　　　　B. 343　　　　C. 351

D. 360　　　　E. 364

**解法1**　性质(a)告诉我们该集合中每个数有形式$2^p 3^q 5^r$,其中$p,q$和$r$是某些非负整数.

性质(b)告诉我们,如果一个数$n = 2^p 3^q 5^r$属于该集合,则对形如$2^{p'} 3^{q'} 5^{r'}$的每个数只要$p' + q' + r' \leqslant p + q + r$,也属于该集合.

这就表示有某整数$N$使得这个集合由满足$p + q + r \leqslant N$的所有的数$2^p 3^q 5^r$组成. 这个集合中数的个数与满足$p + q + r \leqslant N$的非负整数的三元组$(p,q,r)$的个数相同. 这是一个三角形

$$\binom{N+2}{3} = \frac{(N+2)(N+1)N}{6}$$

我们列出它们的一些,希望只有一个在300和400之间

$$N = 10 : \binom{12}{3} = \frac{12 \times 11 \times 10}{6} = 220$$

$$N = 11 : \binom{13}{3} = \frac{12 \times 12 \times 11}{6} = 286$$

$$N = 12 : \binom{14}{3} = \frac{14 \times 13 \times 12}{6} = 364$$

$$N = 13 \cdot \binom{15}{3} = \frac{15 \times 14 \times 13}{6} = 455$$

所以刚好有一个,对 $N = 12$,它有 364 个元素.

( E )

**解法 2** (不用公式)

如表 1,该集合的性质告诉我们它的元素具有形式 $2^p \times 3^q \times 5^r$ (表 1).

表 1

| $p + q + r = N$ | 该集合中的元素数 |
|---|---|
| 0 | 1 |
| 1 | 3 |
| 2 | 6 |
| 3 | 10 |
| 4 | 15 |
| 5 | 21 |
| 6 | 28 |
| 7 | 36 |
| 8 | 45 |
| 9 | 55 |
| 10 | 66 |
| 11 | 78 |
| 12 | 91 |

加这些三角数直到 66 我们仅得到 286,但是再加下一个我们得 364. 加 91 接着给出 455,这太大了,故 364 是答案.

( E )

# 第6章 2004年试题

**1.** $\dfrac{2\,004+6}{100}$ 的值等于(　　).

A. 30　　　　B. 2.1　　　　C. 201

D. 20.1　　　E. 2.01

**解** $\dfrac{2\,004+6}{100} = \dfrac{2\,010}{100} = 20.1.$　　( D )

**2.** $\dfrac{4}{5}$ 的值最接近于(　　).

A. 0　　　　B. 1　　　　C. 2

D. 3　　　　E. 4

**解** 1比任何其他整数更接近于 $\dfrac{4}{5}$.　　( B )

**3.** 如果 $y = 3x$ 且 $z = 2 - y$,则 $z$ 等于(　　).

A. $3x$　　　B. $3x - 2$　　　C. $2 - x$

D. $3 - 2x$　　E. $2 - 3x$

**解** $y = 3x$,所以 $z = 2 - y = 2 - 3x.$　　( E )

**4.** 在图1中,$x$ 的值等于(　　).

A. 50　　　B. 100　　　C. 80

D. 40　　　E. 70

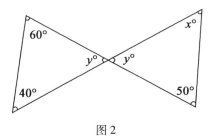

图1

**解** 标记为 $y°$ 的两个角是对顶角且相等(图2).

因此,由两个三角形的内角和,$60+40=x+50$,从而 $x=50$. （ A ）

图2

**5.** 已知 $2^{15}=4×2^n$,$n$ 的值是( ).

　　A. 11　　　　B. 13　　　　C. 14

　　D. 16　　　　E. 17

**解** $2^{15}=4×2^n=2^2×2^n=2^{n+2}$,故 $n+2=15$ 且 $n=13$. （ B ）

**6.** 一个矩形的长是宽的 25 倍. 请问此矩形的周长与和它面积相等的正方形的周长的比为( ).

　　A. 13:5　　　B. 13:10　　　C. 5:1

　　D. 51:20　　E. 51:10

**解** 设这矩形的长为 25 单位,则它的宽是 1 单位. 则这矩形的面积是 $25 \times 1 = 25$ 平方单位且其周长是 $25 + 1 + 25 + 1 = 52$ 单位. 具有面积 25 平方单位的正方形有边长 5 单位和周长 20 单位. 于是矩形的周长与正方形周长之比是

$$52:20 = 13:5 \qquad (\text{A})$$

**7.** 我家遮雨棚的宽为 3 m,它的顶面是由数片宽为 900 mm 的塑料浪板拼铺而成. 我打算用最少片数的浪板以重叠相同的宽度来完成它. 重叠部分每处的宽度是( ).

A. 100 mm  B. 150 mm  C. 200 mm

D. 250 mm  E. 300 mm

**解** 所需塑料浪板的最少片数是 4,且 $4 \times 90 - 300 = 60$. 因为有三个相同的重叠部分,每处必须有 200 mm 宽. $\qquad (\text{C})$

**8.** 考虑五个代数式 $\sqrt{x}, x^2, \dfrac{1}{\sqrt{x}}, x^3$ 和 $2x$,若 $x > 2$ 并将这五个代数式依大小递增排列,则排在正中间的是( ).

A. $\sqrt{x}$  B. $x^2$  C. $\dfrac{1}{\sqrt{x}}$

D. $x^3$  E. $2x$

**解** 对 $x > 2$,数量的次序是

$$\dfrac{1}{\sqrt{x}} < \sqrt{x} < 2x < x^2 < x^3 \qquad (\text{E})$$

**9.** 在干旱期间,小何为了节约用水将原来每星期

## 第6章 2004年试题

使用三次洗衣机改为每三天使用一次. 若洗衣机每次用水 120 L. 过了一段相当长的日子后,小何平均每星期可以节约水( ).

A. 60 L      B. 72 L      C. 80 L

D. 90 L      E. 96 L

**解法1** 以前:每周用洗衣机3次用水 $3\times 360$ L.

以后:每周用洗衣机 $2\frac{1}{3}$ 次用水 $2\frac{1}{3}\times 120 = \frac{7}{3}\times 120 = 280(L)$.

所以每周平均节水量是 $360 - 280 = 80(L)$.

(C)

**解法2** 考虑一段时期,其天数被3和7两者整除,如21天. 在21天中所用的水是:

以前: $3\times 3\times 120 = 1\,080(L)$;

以后: $7\times 120 = 840(L)$;

3周的节水量是 $1\,080 - 840 = 240(L)$,故平均每周节水量是 $\frac{240}{3} = 80$ L.

(C)

10. 请问下面哪一项可以是4个连续整数的和?
( )

A. 2 000      B. 2 001      C. 2 002

D. 2 003      E. 2 004

**解** 设这四个整数中的最小者是 $x$. 则四个连续整数之和是 $x + x + 1 + x + 2 + x + 3 = 4x + 6$. 所以

$4x + 6 = 2\,000, 2\,001, 2\,002, 2\,003, 2\,004$

$4x = 1\,994, 1\,995, 1\,996, 1\,997, 1\,998$

这些方程中仅有一个有整数解的是 $4x = 1\,996$，所以 $x = 499$，且 $4x + 6 = 2\,002$. ( C )

**11.** 某个小镇连续 4 年人口的变化率分别为增加 20%，增加 20%，减少 20%，再减少 20%. 请问经历这四年后，这个小镇人口的变化最接近于百分之几?（  ）

A. $-8\%$      B. $-4\%$      C. $0\%$
D. $4\%$      E. $8\%$

**解** 如果 $P$ 是这 4 年期间开始时的人口，则 4 年后的人口是
$P \times 1.2 \times 1.2 \times 0.8 \times 0.8 = 0.9216P \approx 92\%P$
所以减少 $8\%$. ( A )

**12.** 在图 3 中，$x$ 的值等于（  ）.
A. 90      B. 120      C. 135
D. 137.5      E. 140

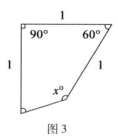

图 3

**解** 如图 4 所示作对角线 $QS$，我们得等边 $\triangle QRS$ 和等腰 $\triangle PQS$.

图4

$\angle QPS = \angle QSP = 75°$,故 $\angle RSP = 75° + 60° = 135°$.      ( C )

**13.** 投掷两个常用的骰子,将骰子正面出现的点数的差记录下来,请问哪一个数出现的机会最大?( )

A. 0          B. 1          C. 2

D. 3          E. 4

**解** 当掷两骰子时,做出其差数结果的表格如图5所示：

|   | 1 | 2 | 3 | 4 | 5 | 6 |
|---|---|---|---|---|---|---|
| 1 | 0 | 1 | 2 | 3 | 4 | 5 |
| 2 | 1 | 0 | 1 | 2 | 3 | 4 |
| 3 | 2 | 1 | 0 | 1 | 2 | 3 |
| 4 | 3 | 2 | 1 | 0 | 1 | 2 |
| 5 | 4 | 3 | 2 | 1 | 0 | 1 |
| 6 | 5 | 4 | 3 | 2 | 1 | 0 |

图5

我们得到 $P(0) = \dfrac{6}{36}, P(1) = \dfrac{10}{36}, P(2) = \dfrac{8}{36}$, $P(3) = \dfrac{6}{36}, P(4) = \dfrac{4}{36}$ 和 $P(5) = \dfrac{2}{36}$.      ( B )

**14.** 如图6,某个地区有20个城市和31段公路联结相邻的城市.不幸地,所有公路的路况都不佳有待整修.请问至多可以封闭多少段公路整修,使得人们仍可以由任一个城市沿着公路到达其他任一个城市?
( )

A. 10 条　　　B. 12 条　　　C. 13 条
D. 14 条　　　E. 16 条

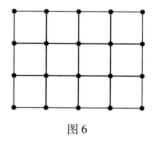

图 6

**解**　如图 7

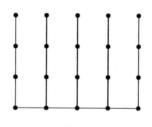

图 7

显示 12 条道路能被封闭而同时所有城市仍是连通的. 而且我们为了得到一个连通的道路系统,需要 19 条道路,为了证明这一点,从 20 个城市作为孤立点出发,再逐条增加这连通系统的道路,则每新增一条路至多减少一个孤立点,即此连通系统至少有 19 条道路,最多只能封闭 12 条道路.　　　　　( B )

**15.** 天然的果汁含有 80% 的水分,将其中水分的 75% 抽离而制成浓缩果汁.请问浓缩果汁含有百分之几的水分? (　　)

A. 25%　　　　B. 40%　　　　C. 50%

D. 60%　　　　E. 75%

**解**　1 L 果汁中,有 800 mL 水.如果除去 75% 的水.在剩下的 400 mL 果汁中将有 200 mL 水留下,所以浓缩果汁包含 50% 的水. 　　　　　　( C )

**16.** 小翰在星期一、星期二、星期三及星期四说真话,而其他日子则说谎话;小德在星期一、星期五、星期六及星期日说真话,而其他日子则说谎话.某一天,他们两人都说:"昨天我说谎."请问他们是在星期几说这句话? (　　)

A. 星期一　　　B. 星期三　　　C. 星期四

D. 星期五　　　E. 星期六

**解**　记 $T$ 为说真话,$L$ 为说假话,我们得下表 1:

表 1

|  | 星期日 | 星期一 | 星期二 | 星期三 | 星期四 | 星期五 | 星期六 | 星期日 | …… |
|---|---|---|---|---|---|---|---|---|---|
| 小翰 | $L$ | $T$ | $T$ | $T$ | $T$ | $L$ | $L$ | $L$ | …… |
| 小德 | $T$ | $T$ | $L$ | $L$ | $L$ | $T$ | $T$ | $T$ | …… |

考虑陈述"昨天我说假话".这仅当说话者当天说假话而前一天说真话($TL$),或当天说真话而前一天说假话($LT$)时为真.所以我们在这表中寻找每人一起有 $LT$ 或 $TL$ 序列,且这在星期五发生一次. ( D )

**17.** 如果 $a,b$ 和 $c$ 是正整数满足

$$a + \cfrac{1}{b+\cfrac{1}{c}} = \frac{37}{16}$$

则 $a+b+c$ 等于(　　).

A. 10　　　　B. 16　　　　C. 21

D. 14　　　　E. 11

**解**　如果

$$a + \cfrac{1}{b+\cfrac{1}{c}} = \frac{37}{16} = 2 + \frac{5}{16}$$

则 $a=2$ 且 $b+\cfrac{1}{c} = \cfrac{16}{5} = 3 + \cfrac{1}{5}$.

因而 $b=3$ 且 $c=5$ 给出 $a+b+c=10$.

( A )

**注**　这种结构形式称为连分数

**18**. 将四个硬币如图8所示放置于桌面上. 把有阴影的那个硬币紧贴另三个硬币的圆周转动, 最后回到原处. 当有阴影的这个硬币绕回到原处时, 请问它共转了多少度?(　　)

A. 360°　　　　B. 540°　　　　C. 720°

D. 960°　　　　E. 1 080°

图8

**解** 在图9中当硬币由位置1滚动到位置2的过程中,位置1上硬币的点$Y$绕到位置2中的点$Y'$,且$X$到位置2中的点$X'$. 所以当硬币1从位置1滚动到位置2时,它旋转经过了360°的角度. 类似地,从位置2滚动到位置3时它将旋转另一个360°,且从位置3滚动到位置1时又旋转了另一个360°.

这就是说它滚动通过$3 \times 360° = 1\,080°$的角回到它原来的位置(且它也将有同样方向). ( E )

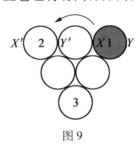

图9

**19**. 令$PQRSTU$为凸六边形. 若直线$PQ,RS$及$TU$的交点构成一个等边三角形,直线$QR,ST$及$UP$的交点也构成一个等边三角形. 请问六边形$PQRSTU$中最多能有几个不同度数的内角?( )

A.1个      B.2个      C.3个

D.4个      E.5个

**解** 如图10,分别延长边$PQ,RS$和$UT$相交于$H$,$J$和$F$,则$\triangle FHJ$是等边的. 类似地由边$QR,ST$和$UP$的交点我们得等边$\triangle IKG$, 设$\angle UPQ = x°$, 则$\angle FPU = (180 - x)°$且外角$\angle PUT = (60 + 180 - x)° = (240 - x)°$.

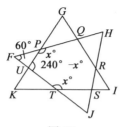

图 10

类似地 $\angle UTS = x°, \angle TSR = (240-x)°$, $\angle SRQ = x°$ 和 $\angle RQP = (240-x)°$. 六边形 PQRSTU 的角或者是 $x°$, 或者是 $(240-x)°$, 所以最多有两种角的大小.       ( B )

**20.** $A, B$ 和 $C$ 三人的生日都是今天, 他们年龄的总和为 23. 他们今年年龄的乘积比他们去年年龄的乘积大 113. 请问他们今年年龄的平方和是多少？(    )

A. 209　　　　B. 185　　　　C. 189

D. 241　　　　E. 259

**解**　设 $A, B$ 和 $C$ 的年龄分别是 $a, b$ 和 $c$. 则
$$a + b + c = 23 \quad (1)$$
且
$$abc = 113 + (a-1)(b-1)(c-1) \quad (2)$$
由(2)给出
$$abc = 113 + abc - (ab + bc + ca) + a + b + c - 1$$
这样
$$ab + bc + ca = 113 + 23 - 1 = 135$$
现在
$$a^2 + b^2 + c^2 = (a+b+c)^2 - 2(ab+bc+ca)$$
$$= 529 - 2 \times 135$$

= 259　　　　　　　　　　( E )

**21.** 将正立体的某些角切掉,如图 11 放置于桌上.若恰好只有两个形体是完全相同的,请问是哪两个? (　　)

A. $P$ 和 $Q$　　　B. $P$ 和 $R$　　　C. $Q$ 和 $R$
D. $P$ 和 $S$　　　E. $Q$ 和 $S$

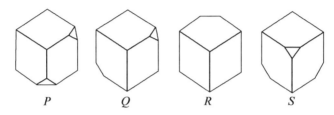

图 11

**解**　给定的立方体如下所示.
$P$ 和 $Q$ 是不一样的,由于 $P$ 不是切去在长(或内部)对角线两端的一对隅角. 类似地,$R$ 不是切去在长对角线两端的一对隅角,所以 $Q$ 和 $R$ 是不一样的. $P$ 和 $R$ 是不一样的,由于如果 $R$ 已切去两个隅角,它们必定在同一条棱上.

由于 $S$ 已切去三个隅角而 $R$ 最多切去两个隅角,$R$ 和 $S$ 是不一样的.

如果 $Q$ 和 $S$ 是同样的,则 $Q$ 的看不到的隅角必定已切去. 但是由于 $Q$ 有一对在长对角线两端的隅角已切去,$S$ 的看不见的第四个隅角也要切去. 所以 $Q$ 和 $S$ 是不一样的.

所以仅有的可能性是 $P$ 和 $S$ 是同样的,且在 $P$ 的看不见的隅角被切去的情形,它们是同样的. ( D )

**22.** 将整数 $1,2,3,\cdots,100$ 写在黑板上. 请问至少要擦掉几个数才能使得留在黑板上全部的数的乘积的末位数是 2?(　　)

A. 20 个　　　B. 21 个　　　C. 22 个

D. 23 个　　　E. 24 个

**解** 如果剩下数的积是偶数,我们必须擦去所有 5 的倍数,否则最后一位数必是 0.

剩下的 80 个数以 1,2,3,4,6,7,8 或 9 结尾,每种类型有十个数. 直接计算显示

$$1 \times 2 \times 3 \times 4 \times 6 \times 7 \times 8 \times 9$$

以 6 结尾. 类似地

$$11 \times 12 \times 13 \times 14 \times 16 \times 17 \times 18 \times 19$$

也以 6 结尾.

所以全部 80 个数的乘积的最后一位数即是 $6^{10}$ 的最后一位数,它是 6.

下一次如果我们移去数 3,则剩下的 79 个数之积的末位数是 2.

这样要擦去的数的最少个数是 21. 　　( B )

**23.** 图 12 中,正方形外切于圆,线段 $UT$ 切于圆,线段 $RU$ 的长度等于线段 $RS$ 的长度的 $\frac{1}{4}$. 线段 $RT$ 的长度等于线段 $RQ$ 的长度的(　　).

A. $\frac{1}{3}$　　　B. $\frac{2}{5}$　　　C. $\frac{3}{8}$

D. $\frac{3}{10}$　　　E. $\frac{2}{9}$

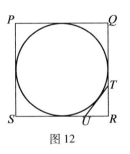

图 12

**解** 如图 13,设这个正方形的边长是 4 单位且考虑这圆的右下的 $\frac{1}{4}$ 部分,如图 12 所示. 则 $WU = UV = 1$,设 $TX = x$,则 $TW = x$ 且 $RT = 2 - x$.

因此 $(1 + x)^2 = (2 - x)^2 + 1$ 从而
$$1 + 2x + x^2 = 4 - 4x + x^2 + 1$$

于是,$6x = 4$ 且 $x = \frac{2}{3}$.

所以,$RT$ 的长度是 $2 - \frac{2}{3} = \frac{4}{3}$.

它是这个正方形边长的 $\frac{1}{3}$. ( A )

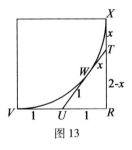

图 13

24. 将七个可能是 1 或 -1 的数排成一列,要求由左至右逐项加时其和都不可以出现负值. 例如:1,-1,

1,1,−1,−1,1. 其连续之和分别为1,0,1,2,1,0,1是符合要求的;而1,1,−1,−1,−1,1,1其连续之和分别为1,2,1,0,−1,0,1则不符合要求.请问有多少种符合要求的排法?(　　)

A. 35　　　　B. 34　　　　C. 33
D. 32　　　　E. 31

**解法1**　如果该数列的前5个元素之和是2或更大,由于第6和第7位置能任意选用+1或−1,有4种方法完成这个数列.

如果该数列的前5个元素之和是1,则有3种(有效)方法完成这个数列,1,1;,1,−1和−1,1.

现在从树状图14列举这前5项的可能系列:

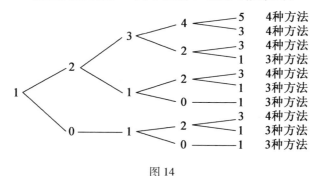

图14

我们得到4种方法的有5类而3种方法有5类,给出5×4+5×3=35种方法.　　　　　　( A )

**解法2**　第一个数必定是1.

以1出发的有$2^6=64$项数列.其中无效序列是:
(⊗表示在这位置上是1或−1)

　　1　−1　−1　⊗　⊗　⊗　⊗　→　16个序列

| | | | | | | | | |
|---|---|---|---|---|---|---|---|---|
|1|−1|1|−1|−1|⊗|⊗|→|4|
|1|−1|1|−1|1|−1|−1|→|1|
|1|−1|1|1|−1|−1|−1|→|1|
|1|1|−1|−1|−1|⊗|⊗|→|4|
|1|−1|−1|1|−1|−1|−1|→|1|
|1|1|−1|1|−1|−1|−1|→|1|
|1|1|1|−1|−1|−1|−1|→|1|

给出共 29 个无效数列. 因此有 64 − 29 = 35 个有效数列.

**25.** 从正立方体各棱边的中点中取出三个点构成一个三角形, 请问这样的三角形中其内角最大可能的度数是(　　).

　　A. $60°$　　　　　B. $90°$　　　　　C. $120°$

　　D. $135°$　　　　E. $150°$

**解**　如图 15 所示的立方体 $ABCDPQRS$. 联结中点 $L, M, N, O, X$ 和 $Y$. 这给出一个正六边形 $LMNOXY$. 连 $L$ 和 $X$. 这给出一个具有 $\angle LQX = 120°$ 的三角形. 而其他三角形内可能的最大角是 $90°$, 所以可能的最大角是 $120°$.　　　　　　　　　　(　C　)

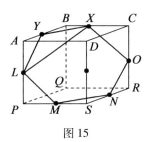

图 15

**26.** 恰好有三个整数的 $x$ 值满足不等式

$$x^2 + bx + 2 \leqslant 0$$

请问整数 $b$ 可能有多少种不同的值?(　　)

A. 0 种　　　　B. 1 种　　　　C. 2 种

D. 4 种　　　　E. 9 种

**解** 二次方程 $x^2 + bx + 2 = 0$ 的解是

$$x_1 = -\frac{b}{2} - \sqrt{\frac{b^2}{4} - 2}, x_2 = -\frac{b}{2} + \sqrt{\frac{b^2}{4} - 2}$$

该不等式的解必定位于 $x_1$ 和 $x_2$ 之间.

如果区间 $[x_1, x_2]$ 的长度大于或等于 4,则在该区间中至少有 4 个整数. 所以

$$x_2 - x_1 = 2\sqrt{\frac{b^2}{4} - 2} < 4$$

即 $\frac{b^2}{4} - 2 < 4$,因此 $b^2 < 24$.

另一方面,为了 $x_1$ 的存在,我们需要 $\frac{b^2}{4} - 2 \geqslant 0$,即 $b^2 \geqslant 8$.

如表 2,所以 $b$ 有 4 个可能的值,即 $b = -4, -3, 3, 4$. 但是所以 $b$ 仅有 2 个可能的值符合.　　( C )

表 2

| | | | |
|---|---|---|---|
| $b = -4$ | $x_1 = 2 - \sqrt{2}$ | $x_2 = 2 + \sqrt{2}$ | 整数解:1,2,3 |
| $b = -3$ | $x_1 = 1$ | $x_2 = 2$ | 整数解:1,2 |
| $b = 3$ | $x_1 = -2$ | $x_2 = -1$ | 整数解:-2,-1 |
| $b = 4$ | $x_1 = -2 - \sqrt{2}$ | $x_2 = -2 + \sqrt{2}$ | 整数解:-3,-2,-1 |

**27.** $\sqrt{x^2 + y^2} + \sqrt{(x-1)^2 + y^2} + \sqrt{x^2 + (y-1)^2} + \sqrt{(x-3)^2 + (y-4)^2}$ 可能有的最小值是(　　).

A. 5　　　　　B. $4+\sqrt{3}$　　C. 6

D. $5+\sqrt{2}$　　E. 7

**解**　如图 16,设 $A,B,C,D$ 是坐标平面上分别具有坐标 $(0,0),(1,0),(3,4),(0,1)$ 的四点,又设 $P$ 是坐标为 $(x,y)$ 的一点. 则

$$\sqrt{x^2+y^2}+\sqrt{(x-3)^2+(y-4)^2}=PA+PC\geqslant AC$$

当且仅当 $P$ 在 $AC$ 上时等式成立且

$$\sqrt{(x-1)^2+y^2}+\sqrt{x^2+(y-1)^2}=PB+PD\geqslant BD$$

所以

$$\sqrt{x^2+y^2}+\sqrt{(x-1)^2+y^2}+\sqrt{x^2+(y-1)^2}+\sqrt{(x-3)^2+(y-4)^2}\geqslant AC+BD$$

当 $P$ 是 $AC$ 和 $DB$ 的交点时等式成立.

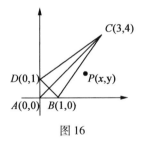

图 16

这表示

$$\sqrt{x^2+y^2}+\sqrt{(x-1)^2+y^2}+\sqrt{x^2+(y-1)^2}+\sqrt{(x-3)^2+(y-4)^2}$$

能有可能的最小值是

$$AC+BD=\sqrt{3^2+4^2}+\sqrt{1^2+1^2}=5+\sqrt{2}\quad(\text{ D })$$

**28.** 小露与小斌分别以红色(r)、黄色(y)、绿色(g)和

蓝色(b)的数棒玩连数棒串游戏.在合乎以下两项规则的情况下,他们都想尽量把数棒串联的越长越好.(1)任两个相邻的数棒不可以同色.(2)如果在此数棒中有某个颜色的数棒出现两次,则在这两根数棒之间的数棒的颜色不可以再出现.因此,根据规则(1),不允许出现 rygbgg 的情况;根据规则(2),不允许出现 rbgygbrg 的情况.小露从 ryr 开始连接数棒,小斌从 ryg 开始连接数棒,请问下列哪一项叙述是正确的?(   )

A. 小露有可能做出一个比小斌能做的更长的数列.
B. 小斌有可能做出一个比小露能做出的更长的数列.
C. 两人都可能做出长度为 6 的数列,但不可能更长.
D. 两人都可能做出长度为 7 的数列,但不可能更长.
E. 每人能做出的序列的长度没有限制.

**解** 小露不能再用黄色(y),但其他颜色的任一种都可用,故不失一般性,她能继续红、黄、红、绿(ryrg).她然后能用蓝(b)或红(r).如果她选取蓝(b)作为第五个字母,她有红、黄、红、绿、蓝(ryrgb).然后她能用绿(g)或红(r).如果她用红(r),这序列终止于红、黄、红、绿、蓝、红(ryrgbr),但如果她选取绿(g),则它能加红(r)且这序列终止于红、黄、红、绿、蓝、绿、红(ryrgbgr).这样小露能做出长度为 7 的序列但不能更长.

这(连同在绿(g)后选取红(r)的情形)能用以下的树状图 17 表示,这里·表示按照给定的两规则,不能再继续添加到这数列.

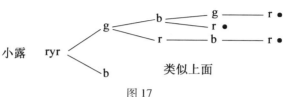

图 17

小斌能加红(r)、黄(y)或蓝(b),如果他选择红(r),他不能再用黄(y)或绿(g),且这序列终止成为红、黄、绿、红、蓝、红(rygrbr). 如果他选择黄(y),他不再用绿(g),但他能继续红、黄、绿、黄、红(rygyr)或红、黄、绿、黄、蓝(rygyb). 第一个必须终止成为红、黄、绿、黄、红、蓝、红(rygyrbr)而第二个成为红、黄、绿、黄、蓝、黄、红(rygybyr).

如果他选择蓝(b),则下一个字母可以是红(r)、黄(y)或绿(g). 红(r)将结束这序列:红、黄、绿、蓝、红(rygbr),而黄(y)容许添加一个红(r):红、黄、绿、蓝、黄、红(rygbyr). 取绿(g)我们有红、黄、绿、蓝、绿(rygbg). 这里选择红(r)结束这序列:红、黄、绿、蓝、绿、红(rygbgr). 黄(y)是仅有的其他的可能情形,给出红、黄、绿、蓝、绿、黄(rygbgy)且只有红(r)能再加上:红、黄、绿、蓝、绿、黄、红(rygbgyr). 所以小斌也能做出长度为7的序列但不能更长(图18). ( D )

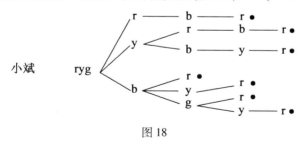

图 18

# 第7章 2005年试题

**1.** $(4 \times 5) \div (2 \times 10)$ 的值等于( ).

A. 4    B. $\dfrac{1}{4}$    C. 2

D. $\dfrac{1}{2}$    E. 1

**解** $(4 \times 5) \div (2 \times 10) = 20 \div 20 = 1$.

( E )

**2.** 在图1中,$x$ 的值等于( ).

A. 20    B. 90    C. 30

D. 80    E. 60

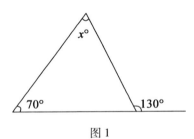

图1

**解** $x + 70 = 130$(三角形的外角),故 $x = 60$.

( E )

**3.** $1 + \dfrac{1}{3 + \dfrac{1}{2}}$ 等于( ).

A. $\dfrac{6}{5}$    B. $\dfrac{7}{6}$    C. $\dfrac{9}{2}$

D. $\dfrac{3}{2}$    E. $\dfrac{9}{7}$

**解** $1+\dfrac{1}{3+\dfrac{1}{2}}=1+\dfrac{1}{\dfrac{7}{2}}=1+\dfrac{2}{7}=\dfrac{9}{7}.$

( E )

**4.** 直线 $y=x+g$ 通过点 $(2,3).g$ 的值等于( ).

A. 0    B. 1    C. 2

D. 3    E. $-1$

**解** 直线 $y=x+g$ 通过 $(2,3).$ 于是 $3=2+g$ 且 $g=1.$    ( B )

**5.** 如果 $2x+3>9$,则( ).

A. $x>3$    B. $x\leqslant 6$    C. $x>6$

D. $x<3$    E. $x\leqslant 3$

**解**    $2x+3>9$

$2x>6$

$x>3$    ( A )

**6.** 图 2 中,Rt$\triangle PXQ$ 的两边长分别为 3 和 7. 由点 $P$ 做直线 $PR$ 使得 $\angle RPQ=90°$ 且 $PR=PQ.$ 则 $\triangle PQR$ 的面积等于( ).

A. $\dfrac{21}{2}$    B. 29    C. $\sqrt{58}$

D. 58    E. 100

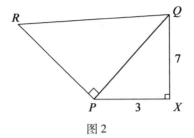

图 2

**解** △PXQ 是具有边长 3 和 7 的直角三角形.

故 $3^2 + 7^2 = PQ^2$ 且 $PQ = \sqrt{58}$.

△PQR 的面积 $= \frac{1}{2} \times PQ \times QR = \frac{1}{2} \times \sqrt{58} \times \sqrt{58} = \frac{1}{2} \times 58 = 29$.    ( B )

**7.** 我校参加某考试的十一年级学生有 20 名,十二年级学生有 30 名,其中十一年级学生的平均分为 70 分,十二年级学生的平均分为 80 分. 两个年级合在一起的总平均分为(      ).

A. 72 分          B. 75 分          C. 76 分

D. 78 分          E. 74 分

**解** 所得的总分是

$70 \times 20 + 80 \times 30 = 1\,400 + 2\,400 = 3\,800$.

故总平均分为 $\frac{3\,800}{50} = \frac{380}{5} = 76$.    ( C )

**8.** 将汽车的轮胎更换使得车轮的圆周长由 200 cm 增至 225 cm. 汽车行驶 1 800 km 后,车轮旋转的圈数将减少(      ).

A. 50 000 圈          B. 1 000 圈          C. 2 000 圈

D. 100 000 圈    E. 7 200 000 圈

**解** 较大车轮旋转次数少于较小车轮,所以在 1 800 km 的旅程中,每个车轮的旋转之差是较小车轮(周长 200 cm)的旋转数减去较大车轮(周长 225 cm)的旋转数

$$\frac{1\,800 \times 1\,000 \times 100}{200} - \frac{1\,800 \times 1\,000 \times 100}{225}$$

= 900 000 − 800 000

= 100 000              ( D )

**9.** 一个五边形其中四个内角的总和为 400°,未算到的那个内角为(    ).

A. 40°        B. 120°        C. 140°

D. 160°       E. 400°

**解** 五边形的内角和是 5×180°−360°=540°,剩下的一个角按度数计是 540°−400°=140°.

( C )

**10.** $\sqrt[4]{2} \times \sqrt{32\sqrt{2}}$ 的值等于(    ).

A. 8         B. 4         C. $4\sqrt{2}$

D. $4\sqrt[4]{2}$     E. $16\sqrt[4]{2}$

**解** $\sqrt[4]{2} \times \sqrt{32\sqrt{2}} = 2^{\frac{1}{4}} \times 2^{\frac{5}{2}} \times 2^{\frac{1}{4}} = 2^{(\frac{1}{4}+\frac{5}{2}+\frac{1}{4})} = 2^3 = 8$.           ( A )

**11.** 有一个正分数和它的倒数之差为 $\frac{9}{20}$. 则这个正分数和它的倒数之和等于(    ).

A. $\frac{20}{9}$       B. $\frac{41}{20}$       C. $\frac{25}{16}$

D. 5          E. 答案不唯一

**解** 设这个分数是 $t$.

则

$$\left(t+\left(\frac{1}{t}\right)\right)^2 = \left(t-\left(\frac{1}{t}\right)\right)^2 + 4 = \frac{81}{400} + 4 = \frac{1\,681}{400}$$

于是 $t + \frac{1}{t} = \sqrt{\frac{1\,681}{400}} = \frac{41}{20}.$      ( B )

**12.** 在时间 $t = 0$ 时,一个气球开始泄气,在时间 $t$ 留在气球内的气体的量为 $Q$. $Q$ 和 $t$ 的关系式为

$$Q = \frac{100}{(1+2t)^2}$$

则将全部气体泄出一半所需时间为( ).

A. $\frac{\sqrt{2}-1}{2}$      B. $\frac{1}{2}$      C. $\frac{1+\sqrt{2}}{2}$

D. $\sqrt{2}$      E. $\frac{10\sqrt{2}-1}{10}$

**解** 在 $t = 0$ 时

$$Q = \frac{100}{(1+0)^2} = 100$$

所以气体的一半是 50 立方单位.

于是

$$50 = \frac{100}{(1+2t)^2}$$

$$(1+2t)^2 = 2$$

$$1 + 4t + 4t^2 = 2$$

$$t = \frac{-4 \pm \sqrt{16+16}}{8}$$

$$= \frac{-4 \pm 4\sqrt{2}}{8}$$

因此 $t = \frac{\sqrt{2}-1}{2}$.    ( A )

**13.** 投掷两颗骰子,出现的两个点数正好是一个二位完全平方数的数字的概率为(    ).

A. $\frac{1}{9}$     B. $\frac{2}{9}$     C. $\frac{7}{36}$

D. $\frac{1}{4}$     E. $\frac{1}{3}$

**解** 两个数字构成完全平方的是:(1,6),(2,5),(3,6),(4,6),(5,2),(6,1),(6,3)和(6,4),总共是8个. 掷两个骰子有36个可能的结果,所以这概率是 $\frac{8}{36} = \frac{2}{9}$.    ( B )

**14.** 一张正方形纸片面积为 $12\ cm^2$,它的一个面为白色,另一个面为灰色. 如图3,将这张纸的左下角折出一个三角形,使得三角形的两个边分别平行于正方形的两个边. 现在这张纸的可见部分正好有一半的面积是白色的,有一半的面积是灰色的. 线段 $UV$ 的长度为(    ).

A. $4\ cm$     B. $\sqrt{12}\ cm$     C. $3\ cm$

D. $6\ cm$     E. $\sqrt{8}\ cm$

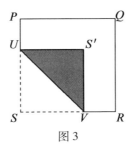

图3

**解** 如图4,设阴影部分的面积是 $x$,则白色部分的面积是 $x$,且这正方形的看不见的部分也有面积 $x$.

于是 $3x = 12$ 从而 $x = 4$.

设阴影的矩形的边是 $y$. 则 $\frac{1}{2} \times y^2 = 4$ 从而 $y^2 = 8$. 折叠线 $UV$ 的长度是具有两等边长度为 $y$ 的等腰直角三角形的斜边 $l$.

故 $l^2 = y^2 + y^2 = 2y^2 = 16$ 且 $l = 4$. ( A )

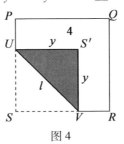

图4

**15.** 如图5,△$PQR$ 中,点 $S$ 和点 $U$ 在 $QR$ 边上;点 $T$ 在 $PQ$ 边上,并且 $TS \parallel PR$, $UT \parallel SP$. 若 $QS = 4$ cm, $SR = 2.4$ cm. $QU$ 的长度为( ).

    A. 2.4 cm    B. 2.5 cm    C. 3 cm

    D. 3.2 cm    E. 4 cm

第7章 2005年试题

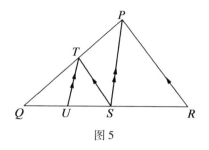

图5

**解** 由于 $UT \parallel SP$, $\dfrac{QU}{US} = \dfrac{QT}{TP}$.

由于 $TS \parallel PR$, $\dfrac{QT}{TP} = \dfrac{QS}{SR}$.

所以 $\dfrac{QU}{US} = \dfrac{QS}{SR}$.

所以 $\dfrac{QU}{US} = \dfrac{4}{2.4} = \dfrac{40}{24} = \dfrac{5}{3}$.

因此 $\dfrac{QU}{QS} = \dfrac{5}{8}$ 从而 $QU = \dfrac{5}{8} \times 4 = 2.5$.

( B )

16. 如果 $\dfrac{n}{24}$ 位于 $\dfrac{1}{6}$ 和 $\dfrac{1}{4}$ 之间且 $n$ 是整数,则 $n$ 等于( ).

A. 5  B. 6  C. 7
D. 8  E. 9

**解** 因为 $\dfrac{1}{6} = \dfrac{4}{24}$ 且 $\dfrac{1}{4} = \dfrac{6}{24}$,$n$ 只能等于 5.

( A )

17. 由一个等腰 $\mathrm{Rt}\triangle OX_1X_2$(其中 $OX_1$ 的长度为 1)开始构造一条螺线,接着以斜边 $OX_2$ 作为另一个等腰直角三角形的两边,继续一直做下去,如图6所示为作图的最先几个步骤.最后,我们将会第一次出现$OX_k$与第一个三角形的一条边$OX_1$重叠.线段$X_1X_k$的长度为(　　).

A.8　　　　B.$8\sqrt{2}-1$　　C.$8\sqrt{2}$

D.15　　　　E.14

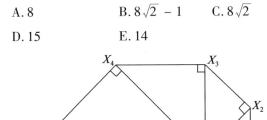

图16

**解**　由于每个三角形在原点有的角度是$45°$,第八个三角形的斜边将与$OX_1$重叠.

每次斜边的长度增加为$\sqrt{2}$倍,所以第八个斜边$OX_8$将有长度$(\sqrt{2})^8=16$.于是

$X_1X_k$(这里$k=8$)$=16-1=15$　　　(　D　)

18.在五位数中,请问有多少个数其任意相邻两个数字之差都为3?(　　)

A.40个　　　　B.41个　　　　C.43个

D.45个　　　　E.50个

**解**　考虑以2开头的5位数.以下的树状图7显示有4个这样的数:

第7章　2005年试题

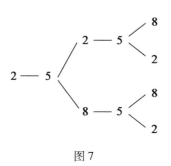

图 7

以 2 开头.

用类似的方式,我们得到以 1 开头的有 4 个,3 开头的有 8 个,4 开头的有 4 个,5 开头的有 4 个,6 开头的有 8 个,7 开头的有 4 个,8 开头的有 4 个,9 开头的有 5 个,给出总数 $4+4+8+4+4+8+4+4+5=45$ 个这样的数.

( D )

**19.** 一座梯子跨靠在墙上,如图 8,它与地面的夹角为 $60°$.当将梯子的底座向外移动 1 m,则它与地面的夹角成为 $45°$.请问这座梯子的长度是多少米?( 　 )

A. $2(\sqrt{2}-1)$　　B. $2(\sqrt{2}+1)$　　C. $\dfrac{\sqrt{2}+1}{\sqrt{2}-1}$

D. $\sqrt{5}$　　　　　E. $\dfrac{2}{\sqrt{2}+1}$

149

图8

**解** 如图9,设 $PQ = x$.

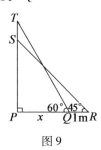

图9

则

$$\frac{x}{l} = \cos 60° = \frac{1}{2}(由 \triangle PQT)$$

$$\frac{x+1}{l} = \cos 45° = \frac{1}{\sqrt{2}}(由 \triangle PRS)$$

消去 $l$ 我们得

$$l = 2x = \sqrt{2}(x+1) = \sqrt{2}x + \sqrt{2}$$

且

$$x = \frac{\sqrt{2}}{2-\sqrt{2}} = \frac{1}{\sqrt{2}-1} = \sqrt{2}+1$$

因此, $l = 2x = 2(\sqrt{2}+1)$. ( B )

**20.** 如图 10，$\frac{1}{4}$ 圆的纸片折成一个圆锥体.

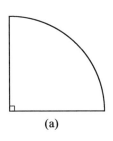
(a)

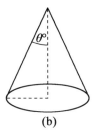
(b)

图 10

若这个圆锥体的对称轴与斜高的夹角为 $\theta°$，则 $\sin \theta°$ 等于 (　　).

A. $\dfrac{1}{4}$　　　B. $\dfrac{1}{\sqrt{2}}$　　　C. $\dfrac{1}{2}$

D. $\dfrac{\sqrt{3}}{2}$　　　E. $\dfrac{1}{\sqrt{3}}$

**解** 设 $r$ 是四分之一圆的半径.

卷成这个圆锥的底的圆周的弧的长度是 $\dfrac{\pi r}{2}$,

这个圆锥的底半径是

$$\left(\frac{1}{2\pi}\right)\left(\frac{\pi r}{2}\right) = \frac{r}{4}$$

所以

$$\sin \theta° = \frac{\frac{r}{4}}{r} = \frac{1}{4} \qquad (\text{A})$$

**21.** 请问 $x + \sqrt{x^2 + \sqrt{x^3 + 1}} = 1$ 的实根有几个？
(　　)

A. 0 个      B. 1 个      C. 2 个
D. 3 个      E. 4 个

**解**
$$\sqrt{x^2 + \sqrt{x^3 + 1}} = 1 - x$$
$$x^2 + \sqrt{x^3 + 1} = 1 - 2x + x^2$$
$$\sqrt{x^3 + 1} = 1 - 2x$$
$$x^3 + 1 = 1 - 4x + 4x^2$$
$$x^3 - 4x^2 + 4x = 0$$
$$x(x^2 - 4x + 4) = 0$$
$$x(x - 2)(x - 2) = 0$$

于是 $x = 0$ 或 2.

由于我们已平方了两边,有可能出现增根,所以对每一个值进行检验.

$x = 0$ 给出 $\sqrt{1} = 1$,它是正确的.

$x = 2$ 给出 $2 + \sqrt{4 + \sqrt{9}} = 2 + \sqrt{7} \neq 1$,它是错的.

所以只有一个实根 $x = 0$.      ( B )

22. 在图 11 中,阴影部分的矩形面积(    ).

A. 介于 $\dfrac{1}{4}$ 和 $\dfrac{5}{16}$ 之间      B. 介于 $\dfrac{5}{16}$ 和 $\dfrac{3}{8}$ 之间

C. 介于 $\dfrac{3}{8}$ 和 $\dfrac{7}{16}$ 之间      D. 介于 $\dfrac{7}{16}$ 和 $\dfrac{1}{2}$ 之间

E. 大于 $\dfrac{1}{2}$

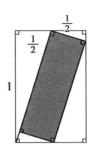

图 11

**解** 利用四个外面的三角形是相似的事实,我们得到在图上所示的其他的尺寸(图 12).

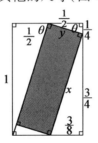

图 12

阴影矩形的面积是 $xy$. 由顶上的三角形,我们得出

$$y^2 = \frac{1}{4} + \frac{1}{16} = \frac{5}{16}$$

$$y = \frac{\sqrt{5}}{4}$$

由右边的三角形我们得出

$$x^2 = \frac{9}{16} + \frac{9}{64} = \frac{45}{64}$$

$$x = \frac{3\sqrt{5}}{8}$$

矩形的面积是

$$xy = \frac{\sqrt{5}}{4} \times \frac{3\sqrt{5}}{8} = \frac{15}{32} = \frac{7.5}{16}$$

这是大于 $\frac{7}{16}$ 且小于 $\frac{8}{16}$.           ( D )

**23.** 当 $x$ 和 $y$ 是任意实数时,表达式 $(1-2x)^3(1+kx)^2$ 展开,$k_1$ 和 $k_2$ 是使得 $x^2$ 的系数等于 40 的两个 $k$ 值. 则 $k_1 + k_2$ 等于(　　).

A. $-1$      B. 8      C. 10
D. 12        E. 14

**解** 展开
$(1-2x)^3(1+kx)^2 = (1-6x+12x^2-8x^3)(1+2kx+k^2x^2)$

那么 $x^2$ 的系数是 $k^2 - 12k + 12$.

所以 $k^2 - 12k + 12 = 40$,即 $k^2 - 12k - 28 = 0$.

满足这个方程的 $k$ 的两个值是 $-2$ 和 14,其和为 12,或者我们能直接注意到这个方程的两根的和是

$$k_1 + k_2 = \frac{-(-12)}{1} = 12 \quad (\text{ D })$$

**24.** $|x| + |y| = 4$ 的图形的所围区域的面积为(　　).

A. 2      B. 4      C. 8
D. 16     E. 32

**解** $|x| + |y| = 4$ 的图形是直线 $x + y = 4$,$x - y = 4$,$-x + y = 4$ 和 $-x - y = 4$ 在 $-4 \leqslant x \leqslant 4$ 和 $-4 \leqslant y \leqslant 4$ 之间的那部分(图 13).

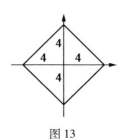

图13

所以这个面积是 $2 \times \dfrac{1}{2} \times 8 \times 4 = 32$. （ E ）

**25.** $2^{2005}$ 的值用十进位表示,它的数字位数最接近于( ).

A. 400 位　　　B. 500 位　　C. 600 位

D. 700 位　　　E. 800 位

**解法1** $2^{2005} = (2^{10})^{200} \times 32 = (1\,024)^{200} \times 32 \approx 10^{600} \times 10^2 = 10^{602}$

更精确地 $2^{10} = 1\,024 > 10^3$,所以 $2^{2000} > 10^{600}$,也有 $2\,005 < 13 \times 155$ 和 $2^{13} = 8\,192 < 10^4$.

所以
$$2^{2005} < (10^4)^{155} \text{ 及 } 2^{13} = 8\,192 < 10^4$$

因此
$$2^{2005} < (10^4)^{155} = 10^{620}$$

所以 $2^{2005}$ 中的数字个数最接近于 600. （ C ）

**解法2** $N$ 中的数字个数是整数 $[\lg N]$.

注意到
$$2^{13} = 8\,192 < 10^4 \text{ 和 } 2^{10} = 1\,024 > 10^3$$

因而 $\dfrac{4}{13} > \lg 2 > \dfrac{3}{10}$.

所以

$$601 < \frac{2\,005 \times 3}{10} < \lg 2^{2\,005} < \frac{2\,005 \times 4}{13} < 617$$

所以数字个数 $\lg 2^{2\,005}$ 最接近于 $600$. ( C )

**26.** 我父亲在我过生日时送我一个 $L$ 形的生日蛋糕. 我父亲让我必须只用一把直尺将蛋糕切为三片,以便将蛋糕分给我的弟弟及妹妹. 因此,我可以如图 14(b) 的方式切,但不可如图(c) 的方式切.

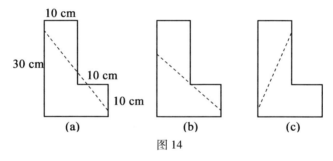

图 14

但父亲说切完后,必须让弟弟和妹妹们先挑选,他们一定是挑比较大块的,而我只能挑选最后剩下的那块. 所以我要设法使切完后的三块蛋糕中,最小的那块要越大越好. 若我达成了目标,请问我能分到的那块的面积为多少平方厘米.

**解** 如图 15 所示,依赖于切割的角度 $A$ 可大于 $C$ 或反之,但是不管角度如何,显然都将小于 $B$.

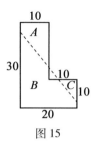

图 15

因此如果切割不通过内部的拐角,则若将切割线向左平行移动一小段距离,可以使最小的一片变大些.

由此可知最优解的切割线必定通过这个拐角(图16).

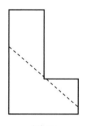

图 16

考虑切割线要通过哪一边,现在有三种可能情形(图 17):

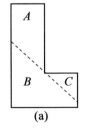 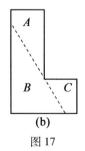 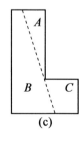

(a)　　　　　(b)　　　　　(c)

图 17

对前面两种类型的任一切割线,容易看出我的一片将是 C 且对切割线沿顺时针方向稍作调整就能使它变大些. 所以我的最优解是第三类型(图17(c)). 从极限位置出发,

顺时针旋转切割线再看一下会发生什么情况. 在出发位置, C 比 A 小因而是由我取得的那片. 当切割线沿顺时针方向旋转, C 变大而 A 变小(平稳地),趋向于 A 很小而显然小于 C 的一个位置,这种情况下 A 是我取得的那片. 最优解是当 A 和 C 是同样大小时. 如果我们如下所示写出长度 $x$(图 18):

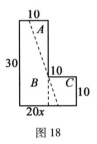

图 18

我们可得出 A 的面积是 $20x$ 而 C 的面积是 $100 - 5x$. 使这两者相等给出 $x = 4$ 且我取得的那片是 A 或 C,有相等的面积 $80\ cm^2$. 所以我可能取得的最大那片是 $80\ cm^2$.

**27.** 对于所有实数 $x$,函数 $y = f(x)$ 满足 $f(f(x)) = 6x - 2\,005$. 若整数 $t$ 满足方程 $f(t) = 6t - 2\,005$,请问 $t$ 的值是多少?

**解** 我们有

$$f(f(t)) = 6t - 2\,005 \qquad (1)$$
$$f(t) = 6t - 2\,005 \qquad (2)$$

这样
$$6t - 2005 = f(f(t)) = f(6t - 2005)$$
因此
$$f(f(t)) = f(6t - 2005) = 6t - 2005$$
但是由(2)
左边 $= 6(6t - 2005) - 2005 = 6t - 2005 = $ 右边
这样 $30t = 6 \times 2005$ 且 $t = 401$.

**28**. 一个正八面体有 8 个三角形的面, 它的所有的棱都等长. 一个体积为 120 cm$^3$ 的正八面体, 有一小块配件, 它是由所有与最高顶点的距离, 比与其他顶点的距离都小的点所组成的, 它的外部如图 19 中阴影部分所示, 其内部延伸至正八面体的中心. 请问这小块的体积为多少立方厘米?

图 19

**解** 利用对称性, 我们能看出这个八面体是由六个与图 19 所示的形体全等的形体所构成的. 于是此部分的体积是 $\frac{120}{6} = 20 (\text{cm}^3)$.

**29**. 若 $x, y$ 和 $z$ 满足下列方程
$$x + y + z = 5$$
$$x^2 + y^2 + z^2 = 15$$

$$xy = z^2$$

请问 $\dfrac{1}{x} + \dfrac{1}{y} + \dfrac{1}{z}$ 的值是什么？

**解** 已给定

$$x + y + z = 5 \qquad (1)$$
$$x^2 + y^2 + z^2 = 15 \qquad (2)$$
$$xy = z^2 \qquad (3)$$

由(1)我们得

$$x + y = 5 - z$$
$$x^2 + 2xy + y^2 = 25 - 10z + z^2 \qquad (4)$$

(2)和(3)代入(4)给出

$$15 - z^2 + 2z^2 = 25 - 10z + z^2$$
$$10z = 10$$
$$z = 1$$

然后

$$\dfrac{1}{x} + \dfrac{1}{y} + \dfrac{1}{z} = \dfrac{x+y}{xy} + \dfrac{1}{z}$$
$$= \dfrac{5-z}{z^2} + \dfrac{1}{z}$$
$$= 4 + 1 = 5$$

**注** 如果我们全部解出这个方程组可得到解

$$(x, y, z) = (2 \pm \sqrt{3}, 2 \mp \sqrt{3}, 1)$$

代入也给出同样的结果．

**30.** 一个正整数等于它的四个最小的正因数的平方和，请问能整除此正整数的最大质数是什么？

**解** 这个正整数不能是奇数．否则它的全部因数将是奇数且它的四个因数的平方和是偶数，产生矛盾．

所以最小的两个因数必是 1 和 2. 下一个最小因数必是 4 或一个质数. 它不能是 4, 否则该平方和将包含刚好两个奇数的平方(使它为偶数), 且这两个平方数的每一个有模 4 余 1, 总和将有模 4 余 2, 它是一个被 2 整除但不被 4 整除的数.

这样最小的三个因数是 1, 2 和一个奇质数 $p$. 由于四个数的平方和是偶数, 剩下的因数是 $2p$. 这样该数等于
$$1 + 4 + p^2 + 4p^2 = 5(1 + p^2)$$
因为 $p$ 不能整除 $1 + p^2$, 它必须整除(且因此等于)5. 这个数是 $5 \times 26 = 130 = 1 \times 2 \times 5 \times 13$, 且因此最大质因数是 13.

# 编辑手记

数学竞赛是一项吸引人的活动,著名数学家 M. Gardner 指出:初学者解答一个巧题时得到了快乐,数学家解决了更先进的问题时也得到了快乐,在这两种快乐之间没有很大的区别.二者都关注美丽动人之处——即支撑着所有结构的那匀称的,定义分明的,神秘的和迷人的秩序.

由于中国数学奥林匹克如同乒乓球和围棋一样在世界享有盛誉,所以有关数学竞赛的书籍也多如牛毛,但这是本工作室首次出版澳大利亚的数学竞赛题解.

澳大利亚笔者没有去过,但与之相邻的新西兰笔者去过多次,虽然新西兰

### 编辑手记

也出过菲尔兹奖得主即琼斯——琼斯多项式的提出者,但整体上数学教育水平还是澳大利亚略高一筹.以至于新西兰中小学生参加的数学竞赛还是使用澳大利亚的竞赛题目,按说从历史上看新西兰的早期移民大多是欧洲的贵族,而澳大利亚居民大多是被发配的罪犯,经过百年的历史演变可以看出社会制度的威力,这是值得我们深思的.再一个可供我们反思的是澳大利亚慢生活的魅力.我们近四十年来,高歌猛进,大干快上,锐意进取,岁月匆匆.

回顾历史,19世纪的欧洲,大量的娱乐时间意味着一个人的社会地位很高:一位哲学家曾这样描述1840年前后巴黎文人、学士的生活——他们的时间十分富余,以至于在游乐场遛乌龟成了一件非常时髦的事情,类似的项目在澳大利亚还能找到.

摘一段《数学竞赛史话》(单墫著,广西教育出版社,1990.)中关于澳大利亚数学竞赛的介绍.

第29届IMO于1988年在澳大利亚首都堪培拉举行.

这一届IMO有49个国家和地区参加,选手达到268名.规模之大超过以往任何一届.

这一年,恰逢澳大利亚建国200周年,整个IMO的活动在十分热烈、隆重的气氛中进行.

这是第一次在南半球举行的IMO,也是

第一次在亚洲地区和太平洋沿岸地区举行的 IMO. 参赛的非欧洲国家和地区有 25 个，第一次超过了欧洲国家(24 个).

东道主澳大利亚自 1971 年开展全国性的数学竞赛，并且在 70 年代末成立了设在国家科学院之下的澳大利亚数学奥林匹克委员会，该委员会专门负责选拔和培训澳大利亚参加 IMO 的代表队. 澳大利亚各州都有一名人员参加这个委员会的工作. 澳大利亚自 1981 年起，每年都参加 IMO. IMO(物理、化学奥林匹克)的培训都在堪培拉高等教育学院进行. 澳大利亚数学会一直对这个活动给予经费与业务方面的支持和帮助. 澳大利亚 IBM 有限公司每年提供赞助.

早在 1982 年，澳大利亚数学会及一些数学界、教育界人士就提出在 1988 年庆祝该国建国 200 周年之际举办 IMO. 澳大利亚政府接受了这一建议，并确定第 29 届 IMO 为澳大利亚建国 200 周年的教育庆祝活动. 在 1984 年成立了"澳大利亚 1988 年 IMO 委员会". 委员会的成员包括政府、科学、教育、企业等各界人士. 澳大利亚为第 29 届 IMO 做了大量准备工作，政府要员也纷纷出马. 总理霍克与教育部部长为举办 IMO 所印的宣传册等写祝词. 霍克还出席了竞赛的颁奖仪式，他亲自为荣获金奖(一等奖)的 17 位中

## 编辑手记

学生(包括我国的何宏宇和陈晞)颁奖,并发表了热情洋溢的讲话.竞赛期间澳大利亚国土部部长在国会大厦为各国领队举行了招待会,国家科学院院长也举办了鸡尾酒会.竞赛结束时,教育部部长设宴招待所有参加IMO的人员.澳大利亚数学界的教授、学者也做了大量的组织接待及业务工作,为这届IMO做出了巨大的贡献.竞赛地点在堪培拉高等教育学院.组织者除了堪培拉的活动外,还安排了各代表队在悉尼的旅游.澳大利亚IBM公司将这届IMO列为该公司1988年的14项工作之一,它是这届IMO的最大的赞助商.

竞赛的最高领导机构是"澳大利亚1988年IMO委员会",由23人组成(其中有7位教授,4位博士).主席为澳大利亚科学院院士、亚特兰大大学的波茨(R. Potts)教授.在1984年至1988年期间,该委员会开过3次会来确定组织机构、组织方案、经费筹措等重大问题.在1984年的会议上决定成立"1988年IMO组织委员会",负责具体的组织工作.

组委会共有13人(其中有3位教授,4位博士),主席为堪培拉高等教育学院的奥哈伦(P. J. O'Halloran)先生,波茨教授也是组委会委员.

组委会下设6个委员会.

1. 学术委员会

主席由组委会委员、新南威尔士大学的戴维·亨特(D. Hunt)博士担任. 下设两个委员会:

(1) 选题委员会. 由6人组成(包括3位教授, 1位副教授和1位博士. 其中有两位为科学院院士). 该委员会负责对各国提供的竞赛题进行审查、挑选, 并推荐其中的一些题目给主试委员会讨论.

(2) 协调委员会. 由主任协调员1人, 高级协调员6人(其中有两位教授, 1位副教授, 1位博士), 协调员33人(其中有5位副教授, 18位博士)组成. 协调员中有5位曾代表澳大利亚参加 IMO 并获奖. 协调委员会负责试卷的评分工作:分为6个组, 每组在1位高级协调员的领导下核定一道试题的评分.

2. 活动计划委员会

该委员会有70人左右, 负责竞赛期间各代表队的食宿、交通、活动等后勤工作. 给每个代表队配备1位向导. 向导身着印有 IMO 标记的统一服装. 各队如有什么要求或问题均可通过向导反映. IMO 的一切活动也由向导传送到各代表队.

3. 信息委员会

负责竞赛前及竞赛期间的文件的编印,

编辑手记

准备奖品和证书等.

4. 礼仪委员会

负责澳大利亚政府为 1988 年 IMO 组织的庆典仪式、宴会等活动.由内阁有关部门、澳大利亚数学基金会、首都特区教育部门、一些院校及社会公益部门的人员组成.

5. 财务委员会

负责这届 IMO 的财务管理.由两位博士分别担任主席和顾问,一位教授任司库.

6. 主试委员会(Jury,或译为评审委员会)

由澳大利亚数学界人士和各国或地区领队组成.主席为波茨教授.另设副主席、翻译、秘书各 1 位.

主试委员会为 IMO 的核心.有关竞赛的任何重大问题必须经主试委员会表决通过后才能施行,所以主席必须是数学界的权威人士,办事果断并具有相当的外交经验.

以上 6 个委员会共约 140 人,有些人身兼数职.各机构职能分明又互相配合.

这届竞赛活动于 1988 年 7 月 9 日开始.各代表队在当日抵达悉尼并于当日去新南威尔士大学报到.领队报到后就离开代表队住在另一个宾馆,并于 11 日去往堪培拉.各代表队在副领队的带领下由澳大利亚方面安排在悉尼参观游览,14 日去往堪培拉,住在堪培拉高等教育学院.

领队抵达堪培拉后,住在澳大利亚国立大学,参加主试委员会,确定竞赛试题,译成本国文字.在竞赛的第二天(16日)领队与本国或本地区代表队汇合,并与副领队一起批阅试卷.

竞赛在15、16日两天上午进行,从8:30开始,有15个考场,每个考场有17至18名学生.同一代表队的选手分布在不同的考场.比赛的前半小时(8:30-9:00)为学生提问时间.每个学生有三张试卷,一题一张;又有三张专供提问的纸,也是一题一张.试卷和问题纸上印有学生的编号和题号.学生将问题写在问题纸上由传递员传送.此时领队们在距考场不远的教室等候.学生所提问题由传递员首先送给主试委员会主席过目后,再交给领队.领队必须将学生所提问题译成工作语言当众宣读,由主试委员会决定是否应当回答.领队的回答写好后,必须当众宣读,经主试委员会表决同意后,再由传递员送给学生.

阅卷的结果及时公布在记分牌上.各代表队的成绩如何,一目了然.

根据中国香港代表队的建议,第29届IMO首次设立了荣誉奖,颁发给那些虽然未能获得一、二、三等奖,但至少有一道题得到

编辑手记

满分的选手.于是有 26 个代表队的 33 名选手获得了荣誉奖,其中有 7 个代表队是没有获得一、二、三等奖的.设置荣誉奖的做法,显然有利于调动更多国家或地区、更多选手的积极性.

  在整个竞赛期间,澳大利亚工作人员认真负责,彬彬有礼,效率之高令人赞叹!

  为了表达对大家的感谢,荷兰领队 J. Noten boom 教授完成了一件奇迹般的工作,他用 200 个高脚玻璃杯组成了一个大球(非常优美的数学模型!),在告别宴会上赠给组委会主席奥哈伦教授.

  单墫教授当年在这本著作出版后即赠了一本给笔者,二十多年过去了,这本书仍留在笔者的案头上,听说最近又要再版了.

  寥寥数语,是以为记.

**刘培杰**
2019.2.21
于哈工大

# 刘培杰数学工作室
## 已出版(即将出版)图书目录——初等数学

| 书　名 | 出版时间 | 定　价 | 编号 |
|---|---|---|---|
| 新编中学数学解题方法全书(高中版)上卷(第2版) | 2018—08 | 58.00 | 951 |
| 新编中学数学解题方法全书(高中版)中卷(第2版) | 2018—08 | 68.00 | 952 |
| 新编中学数学解题方法全书(高中版)下卷(一)(第2版) | 2018—08 | 58.00 | 953 |
| 新编中学数学解题方法全书(高中版)下卷(二)(第2版) | 2018—08 | 58.00 | 954 |
| 新编中学数学解题方法全书(高中版)下卷(三)(第2版) | 2018—08 | 68.00 | 955 |
| 新编中学数学解题方法全书(初中版)上卷 | 2008—01 | 28.00 | 29 |
| 新编中学数学解题方法全书(初中版)中卷 | 2010—07 | 38.00 | 75 |
| 新编中学数学解题方法全书(高考复习卷) | 2010—01 | 48.00 | 67 |
| 新编中学数学解题方法全书(高考真题卷) | 2010—01 | 38.00 | 62 |
| 新编中学数学解题方法全书(高考精华卷) | 2011—03 | 68.00 | 118 |
| 新编平面解析几何解题方法全书(专题讲座卷) | 2010—01 | 18.00 | 61 |
| 新编中学数学解题方法全书(自主招生卷) | 2013—08 | 88.00 | 261 |
| 数学奥林匹克与数学文化(第一辑) | 2006—05 | 48.00 | 4 |
| 数学奥林匹克与数学文化(第二辑)(竞赛卷) | 2008—01 | 48.00 | 19 |
| 数学奥林匹克与数学文化(第二辑)(文化卷) | 2008—07 | 58.00 | 36′ |
| 数学奥林匹克与数学文化(第三辑)(竞赛卷) | 2010—01 | 48.00 | 59 |
| 数学奥林匹克与数学文化(第四辑)(竞赛卷) | 2011—08 | 58.00 | 87 |
| 数学奥林匹克与数学文化(第五辑) | 2015—06 | 98.00 | 370 |
| 世界著名平面几何经典著作钩沉——几何作图专题卷(上) | 2009—06 | 48.00 | 49 |
| 世界著名平面几何经典著作钩沉——几何作图专题卷(下) | 2011—01 | 88.00 | 80 |
| 世界著名平面几何经典著作钩沉(民国平面几何老课本) | 2011—03 | 38.00 | 113 |
| 世界著名平面几何经典著作钩沉(建国初期平面三角老课本) | 2015—08 | 38.00 | 507 |
| 世界著名解析几何经典著作钩沉——平面解析几何卷 | 2014—01 | 38.00 | 264 |
| 世界著名数论经典著作钩沉(算术卷) | 2012—01 | 28.00 | 125 |
| 世界著名数学经典著作钩沉——立体几何卷 | 2011—02 | 28.00 | 88 |
| 世界著名三角学经典著作钩沉(平面三角卷Ⅰ) | 2010—06 | 28.00 | 69 |
| 世界著名三角学经典著作钩沉(平面三角卷Ⅱ) | 2011—01 | 38.00 | 78 |
| 世界著名初等数论经典著作钩沉(理论和实用算术卷) | 2011—07 | 38.00 | 126 |
| 发展你的空间想象力 | 2017—06 | 38.00 | 785 |
| 空间想象力进阶 | 2019—05 | 68.00 | 1062 |
| 走向国际数学奥林匹克的平面几何试题诠释.第1卷 | 即将出版 | | 1043 |
| 走向国际数学奥林匹克的平面几何试题诠释.第2卷 | 即将出版 | | 1044 |
| 走向国际数学奥林匹克的平面几何试题诠释.第3卷 | 2019—03 | 78.00 | 1045 |
| 走向国际数学奥林匹克的平面几何试题诠释.第4卷 | 即将出版 | | 1046 |
| 平面几何证明方法全书 | 2007—08 | 35.00 | 1 |
| 平面几何证明方法全书习题解答(第2版) | 2006—12 | 18.00 | 10 |
| 平面几何天天练上卷·基础篇(直线型) | 2013—01 | 58.00 | 208 |
| 平面几何天天练中卷·基础篇(涉及圆) | 2013—01 | 28.00 | 234 |
| 平面几何天天练下卷·提高篇 | 2013—01 | 58.00 | 237 |
| 平面几何专题研究 | 2013—07 | 98.00 | 258 |

# 刘培杰数学工作室
## 已出版(即将出版)图书目录——初等数学

| 书 名 | 出版时间 | 定 价 | 编号 |
| --- | --- | --- | --- |
| 最新世界各国数学奥林匹克中的平面几何试题 | 2007—09 | 38.00 | 14 |
| 数学竞赛平面几何典型题及新颖解 | 2010—07 | 48.00 | 74 |
| 初等数学复习及研究(平面几何) | 2008—09 | 58.00 | 38 |
| 初等数学复习及研究(立体几何) | 2010—06 | 38.00 | 71 |
| 初等数学复习及研究(平面几何)习题解答 | 2009—01 | 48.00 | 42 |
| 几何学教程(平面几何卷) | 2011—03 | 68.00 | 90 |
| 几何学教程(立体几何卷) | 2011—07 | 68.00 | 130 |
| 几何变换与几何证题 | 2010—06 | 88.00 | 70 |
| 计算方法与几何证题 | 2011—06 | 28.00 | 129 |
| 立体几何技巧与方法 | 2014—04 | 88.00 | 293 |
| 几何瑰宝——平面几何500名题暨1000条定理(上、下) | 2010—07 | 138.00 | 76,77 |
| 三角形的解法与应用 | 2012—07 | 18.00 | 183 |
| 近代的三角形几何学 | 2012—07 | 48.00 | 184 |
| 一般折线几何学 | 2015—08 | 48.00 | 503 |
| 三角形的五心 | 2009—06 | 28.00 | 51 |
| 三角形的六心及其应用 | 2015—10 | 68.00 | 542 |
| 三角形趣谈 | 2012—08 | 28.00 | 212 |
| 解三角形 | 2014—01 | 28.00 | 265 |
| 三角学专门教程 | 2014—09 | 28.00 | 387 |
| 图天下几何新题试卷.初中(第2版) | 2017—11 | 58.00 | 855 |
| 圆锥曲线习题集(上册) | 2013—06 | 68.00 | 255 |
| 圆锥曲线习题集(中册) | 2015—01 | 78.00 | 434 |
| 圆锥曲线习题集(下册·第1卷) | 2016—10 | 78.00 | 683 |
| 圆锥曲线习题集(下册·第2卷) | 2018—01 | 98.00 | 853 |
| 论九点圆 | 2015—05 | 88.00 | 645 |
| 近代欧氏几何学 | 2012—03 | 48.00 | 162 |
| 罗巴切夫斯基几何学及几何基础概要 | 2012—07 | 28.00 | 188 |
| 罗巴切夫斯基几何学初步 | 2015—06 | 28.00 | 474 |
| 用三角、解析几何、复数、向量计算解数学竞赛几何题 | 2015—03 | 48.00 | 455 |
| 美国中学几何教程 | 2015—04 | 88.00 | 458 |
| 三线坐标与三角形特征点 | 2015—04 | 98.00 | 460 |
| 平面解析几何方法与研究(第1卷) | 2015—05 | 18.00 | 471 |
| 平面解析几何方法与研究(第2卷) | 2015—06 | 18.00 | 472 |
| 平面解析几何方法与研究(第3卷) | 2015—07 | 18.00 | 473 |
| 解析几何研究 | 2015—01 | 38.00 | 425 |
| 解析几何学教程.上 | 2016—01 | 38.00 | 574 |
| 解析几何学教程.下 | 2016—01 | 38.00 | 575 |
| 几何学基础 | 2016—01 | 58.00 | 581 |
| 初等几何研究 | 2015—02 | 58.00 | 444 |
| 十九和二十世纪欧氏几何学中的片段 | 2017—01 | 58.00 | 696 |
| 平面几何中考.高考.奥数一本通 | 2017—07 | 28.00 | 820 |
| 几何学简史 | 2017—08 | 28.00 | 833 |
| 四面体 | 2018—01 | 48.00 | 880 |
| 平面几何证明方法思路 | 2018—12 | 68.00 | 913 |
| 平面几何图形特性新析.上篇 | 2019—01 | 68.00 | 911 |
| 平面几何图形特性新析.下篇 | 2018—06 | 88.00 | 912 |
| 平面几何范例多解探究.上篇 | 2018—04 | 48.00 | 910 |
| 平面几何范例多解探究.下篇 | 2018—12 | 68.00 | 914 |
| 从分析解题过程学解题:竞赛中的几何问题研究 | 2018—07 | 68.00 | 946 |
| 二维、三维欧氏几何的对偶原理 | 2018—12 | 38.00 | 990 |
| 星形大观及闭折线论 | 2019—03 | 68.00 | 1020 |

# 刘培杰数学工作室
# 已出版（即将出版）图书目录——初等数学

| 书　名 | 出版时间 | 定　价 | 编号 |
|---|---|---|---|
| 俄罗斯平面几何问题集 | 2009-08 | 88.00 | 55 |
| 俄罗斯立体几何问题集 | 2014-03 | 58.00 | 283 |
| 俄罗斯几何大师——沙雷金论数学及其他 | 2014-01 | 48.00 | 271 |
| 来自俄罗斯的5000道几何习题及解答 | 2011-03 | 58.00 | 89 |
| 俄罗斯初等数学问题集 | 2012-05 | 38.00 | 177 |
| 俄罗斯函数问题集 | 2011-03 | 38.00 | 103 |
| 俄罗斯组合分析问题集 | 2011-01 | 48.00 | 79 |
| 俄罗斯初等数学万题选——三角卷 | 2012-11 | 38.00 | 222 |
| 俄罗斯初等数学万题选——代数卷 | 2013-08 | 68.00 | 225 |
| 俄罗斯初等数学万题选——几何卷 | 2014-01 | 68.00 | 226 |
| 俄罗斯《量子》杂志数学征解问题100题选 | 2018-08 | 48.00 | 969 |
| 俄罗斯《量子》杂志数学征解问题又100题选 | 2018-08 | 48.00 | 970 |
| 463个俄罗斯几何老问题 | 2012-01 | 28.00 | 152 |
| 《量子》数学短文精粹 | 2018-09 | 38.00 | 972 |
| 谈谈素数 | 2011-03 | 18.00 | 91 |
| 平方和 | 2011-03 | 18.00 | 92 |
| 整数论 | 2011-05 | 38.00 | 120 |
| 从整数谈起 | 2015-10 | 28.00 | 538 |
| 数与多项式 | 2016-01 | 38.00 | 558 |
| 谈谈不定方程 | 2011-05 | 28.00 | 119 |
| 解析不等式新论 | 2009-06 | 68.00 | 48 |
| 建立不等式的方法 | 2011-03 | 98.00 | 104 |
| 数学奥林匹克不等式研究 | 2009-08 | 68.00 | 56 |
| 不等式研究（第二辑） | 2012-02 | 68.00 | 153 |
| 不等式的秘密（第一卷） | 2012-02 | 28.00 | 154 |
| 不等式的秘密（第一卷）（第2版） | 2014-02 | 38.00 | 286 |
| 不等式的秘密（第二卷） | 2014-01 | 38.00 | 268 |
| 初等不等式的证明方法 | 2010-06 | 38.00 | 123 |
| 初等不等式的证明方法（第二版） | 2014-11 | 38.00 | 407 |
| 不等式・理论・方法（基础卷） | 2015-07 | 38.00 | 496 |
| 不等式・理论・方法（经典不等式卷） | 2015-07 | 38.00 | 497 |
| 不等式・理论・方法（特殊类型不等式卷） | 2015-07 | 48.00 | 498 |
| 不等式探究 | 2016-03 | 38.00 | 582 |
| 不等式探秘 | 2017-01 | 88.00 | 689 |
| 四面体不等式 | 2017-01 | 68.00 | 715 |
| 数学奥林匹克中常见重要不等式 | 2017-09 | 38.00 | 845 |
| 三正弦不等式 | 2018-09 | 98.00 | 974 |
| 函数方程与不等式:解法与稳定性结果 | 2019-04 | 68.00 | 1058 |
| 同余理论 | 2012-05 | 38.00 | 163 |
| [x]与{x} | 2015-04 | 48.00 | 476 |
| 极值与最值.上卷 | 2015-06 | 28.00 | 486 |
| 极值与最值.中卷 | 2015-06 | 38.00 | 487 |
| 极值与最值.下卷 | 2015-06 | 28.00 | 488 |
| 整数的性质 | 2012-11 | 38.00 | 192 |
| 完全平方数及其应用 | 2015-08 | 78.00 | 506 |
| 多项式理论 | 2015-10 | 88.00 | 541 |
| 奇数、偶数、奇偶分析法 | 2018-01 | 98.00 | 876 |
| 不定方程及其应用.上 | 2018-12 | 58.00 | 992 |
| 不定方程及其应用.中 | 2019-01 | 78.00 | 993 |
| 不定方程及其应用.下 | 2019-02 | 98.00 | 994 |

# 刘培杰数学工作室
## 已出版(即将出版)图书目录——初等数学

| 书　名 | 出版时间 | 定　价 | 编号 |
| --- | --- | --- | --- |
| 历届美国中学生数学竞赛试题及解答(第一卷)1950—1954 | 2014—07 | 18.00 | 277 |
| 历届美国中学生数学竞赛试题及解答(第二卷)1955—1959 | 2014—04 | 18.00 | 278 |
| 历届美国中学生数学竞赛试题及解答(第三卷)1960—1964 | 2014—06 | 18.00 | 279 |
| 历届美国中学生数学竞赛试题及解答(第四卷)1965—1969 | 2014—04 | 28.00 | 280 |
| 历届美国中学生数学竞赛试题及解答(第五卷)1970—1972 | 2014—06 | 18.00 | 281 |
| 历届美国中学生数学竞赛试题及解答(第六卷)1973—1980 | 2017—07 | 18.00 | 768 |
| 历届美国中学生数学竞赛试题及解答(第七卷)1981—1986 | 2015—01 | 18.00 | 424 |
| 历届美国中学生数学竞赛试题及解答(第八卷)1987—1990 | 2017—05 | 18.00 | 769 |
| 历届IMO试题集(1959—2005) | 2006—05 | 58.00 | 5 |
| 历届CMO试题集 | 2008—09 | 28.00 | 40 |
| 历届中国数学奥林匹克试题集(第2版) | 2017—03 | 38.00 | 757 |
| 历届加拿大数学奥林匹克试题集 | 2012—08 | 38.00 | 215 |
| 历届美国数学奥林匹克试题集:多解推广加强 | 2012—08 | 38.00 | 209 |
| 历届美国数学奥林匹克试题集:多解推广加强(第2版) | 2016—03 | 48.00 | 592 |
| 历届波兰数学竞赛试题集.第1卷,1949~1963 | 2015—03 | 18.00 | 453 |
| 历届波兰数学竞赛试题集.第2卷,1964~1976 | 2015—03 | 18.00 | 454 |
| 历届巴尔干数学奥林匹克试题集 | 2015—05 | 38.00 | 466 |
| 保加利亚数学奥林匹克 | 2014—10 | 38.00 | 393 |
| 圣彼得堡数学奥林匹克试题集 | 2015—01 | 38.00 | 429 |
| 匈牙利奥林匹克数学竞赛题解.第1卷 | 2016—05 | 28.00 | 593 |
| 匈牙利奥林匹克数学竞赛题解.第2卷 | 2016—05 | 28.00 | 594 |
| 历届美国数学邀请赛试题集(第2版) | 2017—10 | 78.00 | 851 |
| 全国高中数学竞赛试题及解答.第1卷 | 2014—07 | 38.00 | 331 |
| 普林斯顿大学数学竞赛 | 2016—06 | 38.00 | 669 |
| 亚太地区数学奥林匹克竞赛题 | 2015—07 | 18.00 | 492 |
| 日本历届(初级)广中杯数学竞赛试题及解答.第1卷(2000~2007) | 2016—05 | 28.00 | 641 |
| 日本历届(初级)广中杯数学竞赛试题及解答.第2卷(2008~2015) | 2016—05 | 38.00 | 642 |
| 360个数学竞赛问题 | 2016—08 | 58.00 | 677 |
| 奥数最佳实战题.上卷 | 2017—06 | 38.00 | 760 |
| 奥数最佳实战题.下卷 | 2017—06 | 58.00 | 761 |
| 哈尔滨市早期中学数学竞赛试题汇编 | 2016—07 | 28.00 | 672 |
| 全国高中数学联赛试题及解答:1981—2017(第2版) | 2018—05 | 98.00 | 920 |
| 20世纪50年代全国部分城市数学竞赛试题汇编 | 2017—07 | 28.00 | 797 |
| 高中数学竞赛培训教程:平面几何问题的求解方法与策略.上 | 2018—05 | 68.00 | 906 |
| 高中数学竞赛培训教程:平面几何问题的求解方法与策略.下 | 2018—06 | 78.00 | 907 |
| 高中数学竞赛培训教程:整除与同余以及不定方程 | 2018—01 | 88.00 | 908 |
| 高中数学竞赛培训教程:组合计数与组合极值 | 2018—04 | 48.00 | 909 |
| 高中数学竞赛培训教程:初等代数 | 2019—04 | 78.00 | 1042 |
| 国内外数学竞赛题及精解:2016~2017 | 2018—07 | 45.00 | 922 |
| 许康华竞赛优学精选集.第一辑 | 2018—08 | 68.00 | 949 |
| 高考数学临门一脚(含密押二套卷)(理科版) | 2017—01 | 45.00 | 743 |
| 高考数学临门一脚(含密押三套卷)(文科版) | 2017—01 | 45.00 | 744 |
| 新课标高考数学题型全归纳(文科版) | 2015—05 | 72.00 | 467 |
| 新课标高考数学题型全归纳(理科版) | 2015—05 | 82.00 | 468 |
| 洞穿高考数学解答题核心考点(理科版) | 2015—11 | 49.80 | 550 |
| 洞穿高考数学解答题核心考点(文科版) | 2015—11 | 46.80 | 551 |

# 刘培杰数学工作室
## 已出版（即将出版）图书目录——初等数学

| 书 名 | 出版时间 | 定 价 | 编号 |
|---|---|---|---|
| 高考数学题型全归纳:文科版.上 | 2016－05 | 53.00 | 663 |
| 高考数学题型全归纳:文科版.下 | 2016－05 | 53.00 | 664 |
| 高考数学题型全归纳:理科版.上 | 2016－05 | 58.00 | 665 |
| 高考数学题型全归纳:理科版.下 | 2016－05 | 58.00 | 666 |
| 王连笑教你怎样学数学:高考选择题解题策略与客观题实用训练 | 2014－01 | 48.00 | 262 |
| 王连笑教你怎样学数学:高考数学高层次讲座 | 2015－02 | 48.00 | 432 |
| 高考数学的理论与实践 | 2009－08 | 38.00 | 53 |
| 高考数学核心题型解题方法与技巧 | 2010－01 | 28.00 | 86 |
| 高考思维新平台 | 2014－03 | 38.00 | 259 |
| 30分钟拿下高考数学选择题、填空题(理科版) | 2016－10 | 39.80 | 720 |
| 30分钟拿下高考数学选择题、填空题(文科版) | 2016－10 | 39.80 | 721 |
| 高考数学压轴题解题诀窍(上)(第2版) | 2018－01 | 58.00 | 874 |
| 高考数学压轴题解题诀窍(下)(第2版) | 2018－01 | 48.00 | 875 |
| 北京市五区文科数学三年高考模拟题详解:2013～2015 | 2015－08 | 48.00 | 500 |
| 北京市五区理科数学三年高考模拟题详解:2013～2015 | 2015－09 | 68.00 | 505 |
| 向量法巧解数学高考题 | 2009－08 | 28.00 | 54 |
| 高考数学万能解题法(第2版) | 即将出版 | 38.00 | 691 |
| 高考物理万能解题法(第2版) | 即将出版 | 38.00 | 692 |
| 高考化学万能解题法(第2版) | 即将出版 | 28.00 | 693 |
| 高考生物万能解题法(第2版) | 即将出版 | 28.00 | 694 |
| 高考数学解题金典(第2版) | 2017－01 | 78.00 | 716 |
| 高考物理解题金典(第2版) | 2019－05 | 68.00 | 717 |
| 高考化学解题金典(第2版) | 2019－05 | 58.00 | 718 |
| 我一定要赚分:高中物理 | 2016－01 | 38.00 | 580 |
| 数学高考参考 | 2016－01 | 78.00 | 589 |
| 2011～2015年全国及各省市高考数学文科精品试题审题要津与解法研究 | 2015－10 | 68.00 | 539 |
| 2011～2015年全国及各省市高考数学理科精品试题审题要津与解法研究 | 2015－10 | 88.00 | 540 |
| 最新全国及各省市高考数学试卷解法研究及点拨评析 | 2009－02 | 38.00 | 41 |
| 2011年全国及各省市高考数学试题审题要津与解法研究 | 2011－10 | 48.00 | 139 |
| 2013年全国及各省市高考数学试题解析与点评 | 2014－01 | 48.00 | 282 |
| 全国及各省市高考数学试题审题要津与解法研究 | 2015－02 | 48.00 | 450 |
| 新课标高考数学——五年试题分章详解(2007～2011)(上、下) | 2011－10 | 78.00 | 140,141 |
| 全国中考数学压轴题审题要津与解法研究 | 2013－04 | 78.00 | 248 |
| 新编全国及各省市中考数学压轴题审题要津与解法研究 | 2014－05 | 58.00 | 342 |
| 全国及各省市5年中考数学压轴题审题要津与解法研究(2015版) | 2015－04 | 58.00 | 462 |
| 中考数学专题总复习 | 2007－04 | 28.00 | 6 |
| 中考数学较难题、难题常考题型解题方法与技巧.上 | 2016－01 | 48.00 | 584 |
| 中考数学较难题、难题常考题型解题方法与技巧.下 | 2016－01 | 58.00 | 585 |
| 中考数学较难题常考题型解题方法与技巧 | 2016－09 | 48.00 | 681 |
| 中考数学难题常考题型解题方法与技巧 | 2016－09 | 48.00 | 682 |
| 中考数学中档题常考题型解题方法与技巧 | 2017－08 | 68.00 | 835 |
| 中考数学选择填空压轴好题妙解365 | 2017－05 | 38.00 | 759 |

# 刘培杰数学工作室
# 已出版（即将出版）图书目录——初等数学

| 书　名 | 出版时间 | 定　价 | 编号 |
|---|---|---|---|
| 中考数学小压轴汇编初讲 | 2017—07 | 48.00 | 788 |
| 中考数学大压轴专题微言 | 2017—09 | 48.00 | 846 |
| 北京中考数学压轴题解题方法突破(第4版) | 2019—01 | 58.00 | 1001 |
| 助你高考成功的数学解题智慧:知识是智慧的基础 | 2016—01 | 58.00 | 596 |
| 助你高考成功的数学解题智慧:错误是智慧的试金石 | 2016—04 | 58.00 | 643 |
| 助你高考成功的数学解题智慧:方法是智慧的推手 | 2016—04 | 68.00 | 657 |
| 高考数学奇思妙解 | 2016—04 | 38.00 | 610 |
| 高考数学解题策略 | 2016—05 | 48.00 | 670 |
| 数学解题泄天机(第2版) | 2017—10 | 48.00 | 850 |
| 高考物理压轴题全解 | 2017—04 | 48.00 | 746 |
| 高中物理经典问题25讲 | 2017—05 | 28.00 | 764 |
| 高中物理教学讲义 | 2018—01 | 48.00 | 871 |
| 2016年高考文科数学真题研究 | 2017—04 | 58.00 | 754 |
| 2016年高考理科数学真题研究 | 2017—04 | 78.00 | 755 |
| 2017年高考理科数学真题研究 | 2018—01 | 58.00 | 867 |
| 2017年高考文科数学真题研究 | 2018—01 | 48.00 | 868 |
| 初中数学、高中数学脱节知识补缺教材 | 2017—06 | 48.00 | 766 |
| 高考数学小题抢分必练 | 2017—10 | 48.00 | 834 |
| 高考数学核心素养解读 | 2017—09 | 38.00 | 839 |
| 高考数学客观题解题方法和技巧 | 2017—10 | 38.00 | 847 |
| 十年高考数学精品试题审题要津与解法研究.上卷 | 2018—01 | 68.00 | 872 |
| 十年高考数学精品试题审题要津与解法研究.下卷 | 2018—01 | 58.00 | 873 |
| 中国历届高考数学试题及解答.1949—1979 | 2018—01 | 38.00 | 877 |
| 历届中国高考数学试题及解答.第二卷,1980—1989 | 2018—10 | 28.00 | 975 |
| 历届中国高考数学试题及解答.第三卷,1990—1999 | 2018—10 | 48.00 | 976 |
| 数学文化与高考研究 | 2018—03 | 48.00 | 882 |
| 跟我学解高中数学题 | 2018—07 | 58.00 | 926 |
| 中学数学研究的方法及案例 | 2018—05 | 58.00 | 869 |
| 高考数学抢分技能 | 2018—07 | 68.00 | 934 |
| 高一新生常用数学方法和重要数学思想提升教材 | 2018—06 | 38.00 | 921 |
| 2018年高考数学真题研究 | 2019—01 | 68.00 | 1000 |
| 高考数学全国卷16道选择、填空题常考题型解题诀窍:理科 | 2018—09 | 88.00 | 971 |
| 新编640个世界著名数学智力趣题 | 2014—01 | 88.00 | 242 |
| 500个最新世界著名数学智力趣题 | 2008—06 | 48.00 | 3 |
| 400个最新世界著名数学最值问题 | 2008—09 | 48.00 | 36 |
| 500个世界著名数学征解问题 | 2009—06 | 48.00 | 52 |
| 400个中国最佳初等数学征解老问题 | 2010—01 | 48.00 | 60 |
| 500个俄罗斯数学经典老题 | 2011—01 | 28.00 | 81 |
| 1000个国外中学物理好题 | 2012—04 | 48.00 | 174 |
| 300个日本高考数学题 | 2012—05 | 38.00 | 142 |
| 700个早期日本高考数学试题 | 2017—02 | 88.00 | 752 |
| 500个前苏联早期高考数学试题及解答 | 2012—05 | 28.00 | 185 |
| 546个早期俄罗斯大学生数学竞赛题 | 2014—03 | 38.00 | 285 |
| 548个来自美苏的数学好问题 | 2014—11 | 28.00 | 396 |
| 20所苏联著名大学早期入学试题 | 2015—02 | 18.00 | 452 |
| 161道德国工科大学生必做的微分方程习题 | 2015—05 | 28.00 | 469 |
| 500个德国工科大学生必做的高数习题 | 2015—06 | 28.00 | 478 |
| 360个数学竞赛问题 | 2016—08 | 58.00 | 677 |
| 200个趣味数学故事 | 2018—02 | 48.00 | 857 |
| 470个数学奥林匹克中的最值问题 | 2018—10 | 88.00 | 985 |
| 德国讲义日本考题.微积分卷 | 2015—04 | 48.00 | 456 |
| 德国讲义日本考题.微分方程卷 | 2015—04 | 38.00 | 457 |
| 二十世纪中叶中、英、美、日、法、俄高考数学试题精选 | 2017—06 | 38.00 | 783 |

# 刘培杰数学工作室
# 已出版(即将出版)图书目录——初等数学

| 书 名 | 出版时间 | 定 价 | 编号 |
|---|---|---|---|
| 中国初等数学研究 2009卷(第1辑) | 2009—05 | 20.00 | 45 |
| 中国初等数学研究 2010卷(第2辑) | 2010—05 | 30.00 | 68 |
| 中国初等数学研究 2011卷(第3辑) | 2011—07 | 60.00 | 127 |
| 中国初等数学研究 2012卷(第4辑) | 2012—07 | 48.00 | 190 |
| 中国初等数学研究 2014卷(第5辑) | 2014—02 | 48.00 | 288 |
| 中国初等数学研究 2015卷(第6辑) | 2015—06 | 68.00 | 493 |
| 中国初等数学研究 2016卷(第7辑) | 2016—04 | 68.00 | 609 |
| 中国初等数学研究 2017卷(第8辑) | 2017—01 | 98.00 | 712 |
| 几何变换(Ⅰ) | 2014—07 | 28.00 | 353 |
| 几何变换(Ⅱ) | 2015—06 | 28.00 | 354 |
| 几何变换(Ⅲ) | 2015—01 | 38.00 | 355 |
| 几何变换(Ⅳ) | 2015—12 | 38.00 | 356 |
| 初等数论难题集(第一卷) | 2009—05 | 68.00 | 44 |
| 初等数论难题集(第二卷)(上、下) | 2011—02 | 128.00 | 82,83 |
| 数论概貌 | 2011—03 | 18.00 | 93 |
| 代数数论(第二版) | 2013—08 | 58.00 | 94 |
| 代数多项式 | 2014—06 | 38.00 | 289 |
| 初等数论的知识与问题 | 2011—02 | 28.00 | 95 |
| 超越数论基础 | 2011—03 | 28.00 | 96 |
| 数论初等教程 | 2011—03 | 28.00 | 97 |
| 数论基础 | 2011—03 | 18.00 | 98 |
| 数论基础与维诺格拉多夫 | 2014—03 | 18.00 | 292 |
| 解析数论基础 | 2012—08 | 28.00 | 216 |
| 解析数论基础(第二版) | 2014—01 | 48.00 | 287 |
| 解析数论问题集(第二版)(原版引进) | 2014—05 | 88.00 | 343 |
| 解析数论问题集(第二版)(中译本) | 2016—04 | 88.00 | 607 |
| 解析数论基础(潘承洞,潘承彪著) | 2016—07 | 98.00 | 673 |
| 解析数论导引 | 2016—07 | 58.00 | 674 |
| 数论入门 | 2011—03 | 38.00 | 99 |
| 代数数论入门 | 2015—03 | 38.00 | 448 |
| 数论开篇 | 2012—07 | 28.00 | 194 |
| 解析数论引论 | 2011—03 | 48.00 | 100 |
| Barban Davenport Halberstam 均值和 | 2009—01 | 40.00 | 33 |
| 基础数论 | 2011—03 | 28.00 | 101 |
| 初等数论100例 | 2011—05 | 18.00 | 122 |
| 初等数论经典例题 | 2012—07 | 18.00 | 204 |
| 最新世界各国数学奥林匹克中的初等数论试题(上、下) | 2012—01 | 138.00 | 144,145 |
| 初等数论(Ⅰ) | 2012—01 | 18.00 | 156 |
| 初等数论(Ⅱ) | 2012—01 | 18.00 | 157 |
| 初等数论(Ⅲ) | 2012—01 | 28.00 | 158 |

# 刘培杰数学工作室
## 已出版（即将出版）图书目录——初等数学

| 书　名 | 出版时间 | 定　价 | 编号 |
|---|---|---|---|
| 平面几何与数论中未解决的新老问题 | 2013—01 | 68.00 | 229 |
| 代数数论简史 | 2014—11 | 28.00 | 408 |
| 代数数论 | 2015—09 | 88.00 | 532 |
| 代数、数论及分析习题集 | 2016—11 | 98.00 | 695 |
| 数论导引提要及习题解答 | 2016—01 | 48.00 | 559 |
| 素数定理的初等证明.第2版 | 2016—09 | 48.00 | 686 |
| 数论中的模函数与狄利克雷级数（第二版） | 2017—11 | 78.00 | 837 |
| 数论：数学导引 | 2018—01 | 68.00 | 849 |
| 范式大代数 | 2019—02 | 98.00 | 1016 |
| 解析数学讲义.第一卷，导来式及微分、积分、级数 | 2019—04 | 88.00 | 1021 |
| 解析数学讲义.第二卷，关于几何的应用 | 2019—04 | 68.00 | 1022 |
| 解析数学讲义.第三卷，解析函数论 | 2019—04 | 78.00 | 1023 |
| 分析·组合·数论纵横谈 | 2019—04 | 58.00 | 1039 |
| | | | |
| 数学精神巡礼 | 2019—01 | 58.00 | 731 |
| 数学眼光透视（第2版） | 2017—06 | 78.00 | 732 |
| 数学思想领悟（第2版） | 2018—01 | 68.00 | 733 |
| 数学方法溯源（第2版） | 2018—08 | 68.00 | 734 |
| 数学解题引论 | 2017—05 | 58.00 | 735 |
| 数学史话览胜（第2版） | 2017—01 | 48.00 | 736 |
| 数学应用展观（第2版） | 2017—08 | 68.00 | 737 |
| 数学建模尝试 | 2018—04 | 48.00 | 738 |
| 数学竞赛采风 | 2018—01 | 68.00 | 739 |
| 数学测评探营 | 2019—05 | 58.00 | 740 |
| 数学技能操握 | 2018—03 | 48.00 | 741 |
| 数学欣赏拾趣 | 2018—02 | 48.00 | 742 |
| | | | |
| 从毕达哥拉斯到怀尔斯 | 2007—10 | 48.00 | 9 |
| 从迪利克雷到维斯卡尔迪 | 2008—01 | 48.00 | 21 |
| 从哥德巴赫到陈景润 | 2008—05 | 98.00 | 35 |
| 从庞加莱到佩雷尔曼 | 2011—08 | 138.00 | 136 |
| | | | |
| 博弈论精粹 | 2008—03 | 58.00 | 30 |
| 博弈论精粹.第二版（精装） | 2015—01 | 88.00 | 461 |
| 数学 我爱你 | 2008—01 | 28.00 | 20 |
| 精神的圣徒　别样的人生——60位中国数学家成长的历程 | 2008—09 | 48.00 | 39 |
| 数学史概论 | 2009—06 | 78.00 | 50 |
| 数学史概论（精装） | 2013—03 | 158.00 | 272 |
| 数学史选讲 | 2016—01 | 48.00 | 544 |
| 斐波那契数列 | 2010—02 | 28.00 | 65 |
| 数学拼盘和斐波那契魔方 | 2010—07 | 38.00 | 72 |
| 斐波那契数列欣赏（第2版） | 2018—08 | 58.00 | 948 |
| Fibonacci 数列中的明珠 | 2018—06 | 58.00 | 928 |
| 数学的创造 | 2011—02 | 48.00 | 85 |
| 数学美与创造力 | 2016—01 | 48.00 | 595 |
| 数海拾贝 | 2016—01 | 48.00 | 590 |
| 数学中的美（第2版） | 2019—04 | 68.00 | 1057 |
| 数论中的美学 | 2014—12 | 38.00 | 351 |

# 刘培杰数学工作室
## 已出版(即将出版)图书目录——初等数学

| 书　名 | 出版时间 | 定　价 | 编号 |
| --- | --- | --- | --- |
| 数学王者　科学巨人——高斯 | 2015—01 | 28.00 | 428 |
| 振兴祖国数学的圆梦之旅:中国初等数学研究史话 | 2015—06 | 98.00 | 490 |
| 二十世纪中国数学史料研究 | 2015—10 | 48.00 | 536 |
| 数字谜、数阵图与棋盘覆盖 | 2016—01 | 58.00 | 298 |
| 时间的形状 | 2016—01 | 38.00 | 556 |
| 数学发现的艺术:数学探索中的合情推理 | 2016—07 | 58.00 | 671 |
| 活跃在数学中的参数 | 2016—07 | 48.00 | 675 |
| 数学解题——靠数学思想给力(上) | 2011—07 | 38.00 | 131 |
| 数学解题——靠数学思想给力(中) | 2011—07 | 48.00 | 132 |
| 数学解题——靠数学思想给力(下) | 2011—07 | 38.00 | 133 |
| 我怎样解题 | 2013—01 | 48.00 | 227 |
| 数学解题中的物理方法 | 2011—06 | 28.00 | 114 |
| 数学解题的特殊方法 | 2011—06 | 48.00 | 115 |
| 中学数学计算技巧 | 2012—01 | 48.00 | 116 |
| 中学数学证明方法 | 2012—01 | 58.00 | 117 |
| 数学趣题巧解 | 2012—03 | 28.00 | 128 |
| 高中数学教学通鉴 | 2015—05 | 58.00 | 479 |
| 和高中生漫谈:数学与哲学的故事 | 2014—08 | 28.00 | 369 |
| 算术问题集 | 2017—03 | 38.00 | 789 |
| 张教授讲数学 | 2018—07 | 38.00 | 933 |
| 自主招生考试中的参数方程问题 | 2015—01 | 28.00 | 435 |
| 自主招生考试中的极坐标问题 | 2015—04 | 28.00 | 463 |
| 近年全国重点大学自主招生数学试题全解及研究.华约卷 | 2015—02 | 38.00 | 441 |
| 近年全国重点大学自主招生数学试题全解及研究.北约卷 | 2016—05 | 38.00 | 619 |
| 自主招生数学解证宝典 | 2015—09 | 48.00 | 535 |
| 格点和面积 | 2012—07 | 18.00 | 191 |
| 射影几何趣谈 | 2012—04 | 28.00 | 175 |
| 斯潘纳尔引理——从一道加拿大数学奥林匹克试题谈起 | 2014—01 | 28.00 | 228 |
| 李普希兹条件——从几道近年高考数学试题谈起 | 2012—10 | 18.00 | 221 |
| 拉格朗日中值定理——从一道北京高考试题的解法谈起 | 2015—10 | 18.00 | 197 |
| 闵科夫斯基定理——从一道清华大学自主招生试题谈起 | 2014—01 | 28.00 | 198 |
| 哈尔测度——从一道冬令营试题的背景谈起 | 2012—08 | 28.00 | 202 |
| 切比雪夫逼近问题——从一道中国台北数学奥林匹克试题谈起 | 2013—04 | 38.00 | 238 |
| 伯恩斯坦多项式与贝齐尔曲面——从一道全国高中数学联赛试题谈起 | 2013—03 | 38.00 | 236 |
| 卡塔兰猜想——从一道普特南竞赛试题谈起 | 2013—06 | 18.00 | 256 |
| 麦卡锡函数和阿克曼函数——从一道前南斯拉夫数学奥林匹克试题谈起 | 2012—08 | 18.00 | 201 |
| 贝蒂定理与拉巴贝克莫斯尔定理——从一个拣石子游戏谈起 | 2012—08 | 18.00 | 217 |
| 皮亚诺曲线和豪斯道夫分球定理——从无限集谈起 | 2012—08 | 18.00 | 211 |
| 平面凸图形与凸多面体 | 2012—10 | 28.00 | 218 |
| 斯坦因豪斯问题——从一道二十五省市自治区中学数学竞赛试题谈起 | 2012—07 | 18.00 | 196 |

# 刘培杰数学工作室
## 已出版（即将出版）图书目录——初等数学

| 书　名 | 出版时间 | 定　价 | 编号 |
|---|---|---|---|
| 纽结理论中的亚历山大多项式与琼斯多项式——从一道北京市高一数学竞赛试题谈起 | 2012—07 | 28.00 | 195 |
| 原则与策略——从波利亚"解题表"谈起 | 2013—04 | 38.00 | 244 |
| 转化与化归——从三大尺规作图不能问题谈起 | 2012—08 | 28.00 | 214 |
| 代数几何中的贝祖定理(第一版)——从一道 IMO 试题的解法谈起 | 2013—08 | 18.00 | 193 |
| 成功连贯理论与约当块理论——从一道比利时数学竞赛试题谈起 | 2012—04 | 18.00 | 180 |
| 素数判定与大数分解 | 2014—08 | 18.00 | 199 |
| 置换多项式及其应用 | 2012—10 | 18.00 | 220 |
| 椭圆函数与模函数——从一道美国加州大学洛杉矶分校(UCLA)博士资格考题谈起 | 2012—10 | 28.00 | 219 |
| 差分方程的拉格朗日方法——从一道 2011 年全国高考理科试题的解法谈起 | 2012—08 | 28.00 | 200 |
| 力学在几何中的一些应用 | 2013—01 | 38.00 | 240 |
| 高斯散度定理、斯托克斯定理和平面格林定理——从一道国际大学生数学竞赛试题谈起 | 即将出版 | | |
| 康托洛维奇不等式——从一道全国高中联赛试题谈起 | 2013—03 | 28.00 | 337 |
| 西格尔引理——从一道第 18 届 IMO 试题的解法谈起 | 即将出版 | | |
| 罗斯定理——从一道前苏联数学竞赛试题谈起 | 即将出版 | | |
| 拉克斯定理和阿廷定理——从一道 IMO 试题的解法谈起 | 2014—01 | 58.00 | 246 |
| 毕卡大定理——从一道美国大学数学竞赛试题谈起 | 2014—07 | 18.00 | 350 |
| 贝齐尔曲线——从一道全国高中联赛试题谈起 | 即将出版 | | |
| 拉格朗日乘子定理——从一道 2005 年全国高中联赛试题的高等数学解法谈起 | 2015—05 | 28.00 | 480 |
| 雅可比定理——从一道日本数学奥林匹克试题谈起 | 2013—04 | 48.00 | 249 |
| 李天岩－约克定理——从一道波兰数学竞赛试题谈起 | 2014—06 | 28.00 | 349 |
| 整系数多项式因式分解的一般方法——从克朗耐克算法谈起 | 即将出版 | | |
| 布劳维不动点定理——从一道前苏联数学奥林匹克试题谈起 | 2014—01 | 38.00 | 273 |
| 伯恩赛德定理——从一道英国数学奥林匹克试题谈起 | 即将出版 | | |
| 布查特－莫斯特定理——从一道上海市初中竞赛试题谈起 | 即将出版 | | |
| 数论中的同余数问题——从一道普特南竞赛试题谈起 | 即将出版 | | |
| 范·德蒙行列式——从一道美国数学奥林匹克试题谈起 | 即将出版 | | |
| 中国剩余定理:总数法构建中国历史年表 | 2015—01 | 28.00 | 430 |
| 牛顿程序与方程求根——从一道全国高考试题解法谈起 | 即将出版 | | |
| 库默尔定理——从一道 IMO 预选试题谈起 | 即将出版 | | |
| 卢丁定理——从一道冬令营试题的解法谈起 | 即将出版 | | |
| 沃斯滕霍姆定理——从一道 IMO 预选试题谈起 | 即将出版 | | |
| 卡尔松不等式——从一道莫斯科数学奥林匹克试题谈起 | 即将出版 | | |
| 信息论中的香农熵——从一道近年高考压轴题谈起 | 即将出版 | | |
| 约当不等式——从一道希望杯竞赛试题谈起 | 即将出版 | | |
| 拉比诺维奇定理 | 即将出版 | | |
| 刘维尔定理——从一道《美国数学月刊》征解问题的解法谈起 | 即将出版 | | |
| 卡塔兰恒等式与级数求和——从一道 IMO 试题的解法谈起 | 即将出版 | | |
| 勒让德猜想与素数分布——从一道爱尔兰竞赛试题谈起 | 即将出版 | | |
| 天平称重与信息论——从一道基辅市数学奥林匹克试题谈起 | 即将出版 | | |
| 哈密尔顿－凯莱定理:从一道高中数学联赛试题的解法谈起 | 2014—09 | 18.00 | 376 |
| 艾思特曼定理——从一道 CMO 试题的解法谈起 | 即将出版 | | |

— 10 —

# 刘培杰数学工作室
# 已出版(即将出版)图书目录——初等数学

| 书　名 | 出版时间 | 定　价 | 编号 |
|---|---|---|---|
| 阿贝尔恒等式与经典不等式及应用 | 2018—06 | 98.00 | 923 |
| 迪利克雷除数问题 | 2018—07 | 48.00 | 930 |
| 贝克码与编码理论——从一道全国高中联赛试题谈起 | 即将出版 | | |
| 帕斯卡三角形 | 2014—03 | 18.00 | 294 |
| 蒲丰投针问题——从2009年清华大学的一道自主招生试题谈起 | 2014—01 | 38.00 | 295 |
| 斯图姆定理——从一道"华约"自主招生试题的解法谈起 | 2014—01 | 18.00 | 296 |
| 许瓦兹引理——从一道加利福尼亚大学伯克利分校数学系博士生试题谈起 | 2014—08 | 18.00 | 297 |
| 拉姆塞定理——从王诗宬院士的一个问题谈起 | 2016—04 | 48.00 | 299 |
| 坐标法 | 2013—12 | 28.00 | 332 |
| 数论三角形 | 2014—04 | 38.00 | 341 |
| 毕克定理 | 2014—07 | 18.00 | 352 |
| 数林掠影 | 2014—09 | 48.00 | 389 |
| 我们周围的概率 | 2014—10 | 38.00 | 390 |
| 凸函数最值定理:从一道华约自主招生题的解法谈起 | 2014—10 | 28.00 | 391 |
| 易学与数学奥林匹克 | 2014—10 | 38.00 | 392 |
| 生物数学趣谈 | 2015—01 | 18.00 | 409 |
| 反演 | 2015—01 | 28.00 | 420 |
| 因式分解与圆锥曲线 | 2015—01 | 18.00 | 426 |
| 轨迹 | 2015—01 | 28.00 | 427 |
| 面积原理:从常庚哲命的一道CMO试题的积分解法谈起 | 2015—01 | 48.00 | 431 |
| 形形色色的不动点定理:从一道28届IMO试题谈起 | 2015—01 | 38.00 | 439 |
| 柯西函数方程:从一道上海交大自主招生的试题谈起 | 2015—02 | 28.00 | 440 |
| 三角恒等式 | 2015—02 | 28.00 | 442 |
| 无理性判定:从一道2014年"北约"自主招生试题谈起 | 2015—01 | 38.00 | 443 |
| 数学归纳法 | 2015—03 | 18.00 | 451 |
| 极端原理与解题 | 2015—04 | 28.00 | 464 |
| 法雷级数 | 2014—08 | 18.00 | 367 |
| 摆线族 | 2015—01 | 38.00 | 438 |
| 函数方程及其解法 | 2015—05 | 38.00 | 470 |
| 含参数的方程和不等式 | 2012—09 | 28.00 | 213 |
| 希尔伯特第十问题 | 2016—01 | 38.00 | 543 |
| 无穷小量的求和 | 2016—01 | 28.00 | 545 |
| 切比雪夫多项式:从一道清华大学金秋营试题谈起 | 2016—01 | 38.00 | 583 |
| 泽肯多夫定理 | 2016—03 | 38.00 | 599 |
| 代数等式证题法 | 2016—01 | 28.00 | 600 |
| 三角等式证题法 | 2016—01 | 28.00 | 601 |
| 吴大任教授藏书中的一个因式分解公式:从一道美国数学邀请赛试题的解法谈起 | 2016—06 | 28.00 | 656 |
| 易卦——类万物的数学模型 | 2017—08 | 68.00 | 838 |
| "不可思议"的数与数系可持续发展 | 2018—01 | 38.00 | 878 |
| 最短线 | 2018—01 | 38.00 | 879 |
| 幻方和魔方(第一卷) | 2012—05 | 68.00 | 173 |
| 尘封的经典——初等数学经典文献选读(第一卷) | 2012—07 | 48.00 | 205 |
| 尘封的经典——初等数学经典文献选读(第二卷) | 2012—07 | 38.00 | 206 |
| 初级方程式论 | 2011—03 | 28.00 | 106 |
| 初等数学研究(Ⅰ) | 2008—09 | 68.00 | 37 |
| 初等数学研究(Ⅱ)(上、下) | 2009—05 | 118.00 | 46,47 |

# 刘培杰数学工作室
## 已出版(即将出版)图书目录——初等数学

| 书　名 | 出版时间 | 定　价 | 编号 |
|---|---|---|---|
| 趣味初等方程妙题集锦 | 2014—09 | 48.00 | 388 |
| 趣味初等数论选美与欣赏 | 2015—02 | 48.00 | 445 |
| 耕读笔记(上卷):一位农民数学爱好者的初数探索 | 2015—04 | 28.00 | 459 |
| 耕读笔记(中卷):一位农民数学爱好者的初数探索 | 2015—05 | 28.00 | 483 |
| 耕读笔记(下卷):一位农民数学爱好者的初数探索 | 2015—05 | 28.00 | 484 |
| 几何不等式研究与欣赏.上卷 | 2016—01 | 88.00 | 547 |
| 几何不等式研究与欣赏.下卷 | 2016—01 | 48.00 | 552 |
| 初等数列研究与欣赏·上 | 2016—01 | 48.00 | 570 |
| 初等数列研究与欣赏·下 | 2016—01 | 48.00 | 571 |
| 趣味初等函数研究与欣赏.上 | 2016—09 | 48.00 | 684 |
| 趣味初等函数研究与欣赏.下 | 2018—09 | 48.00 | 685 |
| 火柴游戏 | 2016—05 | 38.00 | 612 |
| 智力解谜.第1卷 | 2017—07 | 38.00 | 613 |
| 智力解谜.第2卷 | 2017—07 | 38.00 | 614 |
| 故事智力 | 2016—07 | 48.00 | 615 |
| 名人们喜欢的智力问题 | 即将出版 |  | 616 |
| 数学大师的发现、创造与失误 | 2018—01 | 48.00 | 617 |
| 异曲同工 | 2018—09 | 48.00 | 618 |
| 数学的味道 | 2018—01 | 58.00 | 798 |
| 数学千字文 | 2018—10 | 68.00 | 977 |
| 数贝偶拾——高考数学题研究 | 2014—04 | 28.00 | 274 |
| 数贝偶拾——初等数学研究 | 2014—04 | 38.00 | 275 |
| 数贝偶拾——奥数题研究 | 2014—04 | 48.00 | 276 |
| 钱昌本教你快乐学数学(上) | 2011—12 | 48.00 | 155 |
| 钱昌本教你快乐学数学(下) | 2012—03 | 58.00 | 171 |
| 集合、函数与方程 | 2014—01 | 28.00 | 300 |
| 数列与不等式 | 2014—01 | 38.00 | 301 |
| 三角与平面向量 | 2014—01 | 28.00 | 302 |
| 平面解析几何 | 2014—01 | 38.00 | 303 |
| 立体几何与组合 | 2014—01 | 28.00 | 304 |
| 极限与导数、数学归纳法 | 2014—01 | 38.00 | 305 |
| 趣味数学 | 2014—03 | 28.00 | 306 |
| 教材教法 | 2014—04 | 68.00 | 307 |
| 自主招生 | 2014—05 | 58.00 | 308 |
| 高考压轴题(上) | 2015—01 | 48.00 | 309 |
| 高考压轴题(下) | 2014—10 | 68.00 | 310 |
| 从费马到怀尔斯——费马大定理的历史 | 2013—10 | 198.00 | I |
| 从庞加莱到佩雷尔曼——庞加莱猜想的历史 | 2013—10 | 298.00 | II |
| 从切比雪夫到爱尔特希(上)——素数定理的初等证明 | 2013—07 | 48.00 | III |
| 从切比雪夫到爱尔特希(下)——素数定理100年 | 2012—12 | 98.00 | III |
| 从高斯到盖尔方特——二次域的高斯猜想 | 2013—10 | 198.00 | IV |
| 从库默尔到朗兰兹——朗兰兹猜想的历史 | 2014—01 | 98.00 | V |
| 从比勃巴赫到德布朗斯——比勃巴赫猜想的历史 | 2014—02 | 298.00 | VI |
| 从麦比乌斯到陈省身——麦比乌斯变换与麦比乌斯带 | 2014—02 | 298.00 | VII |
| 从布尔到豪斯道夫——布尔方程与格论漫谈 | 2013—10 | 198.00 | VIII |
| 从开普勒到阿诺德——三体问题的历史 | 2014—05 | 298.00 | IX |
| 从华林到华罗庚——华林问题的历史 | 2013—10 | 298.00 | X |

# 刘培杰数学工作室
## 已出版(即将出版)图书目录——初等数学

| 书　名 | 出版时间 | 定　价 | 编号 |
|---|---|---|---|
| 美国高中数学竞赛五十讲.第1卷(英文) | 2014—08 | 28.00 | 357 |
| 美国高中数学竞赛五十讲.第2卷(英文) | 2014—08 | 28.00 | 358 |
| 美国高中数学竞赛五十讲.第3卷(英文) | 2014—09 | 28.00 | 359 |
| 美国高中数学竞赛五十讲.第4卷(英文) | 2014—09 | 28.00 | 360 |
| 美国高中数学竞赛五十讲.第5卷(英文) | 2014—10 | 28.00 | 361 |
| 美国高中数学竞赛五十讲.第6卷(英文) | 2014—11 | 28.00 | 362 |
| 美国高中数学竞赛五十讲.第7卷(英文) | 2014—12 | 28.00 | 363 |
| 美国高中数学竞赛五十讲.第8卷(英文) | 2015—01 | 28.00 | 364 |
| 美国高中数学竞赛五十讲.第9卷(英文) | 2015—01 | 28.00 | 365 |
| 美国高中数学竞赛五十讲.第10卷(英文) | 2015—02 | 38.00 | 366 |
| 三角函数(第2版) | 2017—04 | 38.00 | 626 |
| 不等式 | 2014—01 | 38.00 | 312 |
| 数列 | 2014—01 | 38.00 | 313 |
| 方程(第2版) | 2017—04 | 38.00 | 624 |
| 排列和组合 | 2014—01 | 28.00 | 315 |
| 极限与导数(第2版) | 2016—04 | 38.00 | 635 |
| 向量(第2版) | 2018—08 | 58.00 | 627 |
| 复数及其应用 | 2014—08 | 28.00 | 318 |
| 函数 | 2014—01 | 38.00 | 319 |
| 集合 | 即将出版 |  | 320 |
| 直线与平面 | 2014—01 | 28.00 | 321 |
| 立体几何(第2版) | 2016—04 | 38.00 | 629 |
| 解三角形 | 即将出版 |  | 323 |
| 直线与圆(第2版) | 2016—11 | 38.00 | 631 |
| 圆锥曲线(第2版) | 2016—09 | 48.00 | 632 |
| 解题通法(一) | 2014—07 | 38.00 | 326 |
| 解题通法(二) | 2014—07 | 38.00 | 327 |
| 解题通法(三) | 2014—05 | 38.00 | 328 |
| 概率与统计 | 2014—01 | 28.00 | 329 |
| 信息迁移与算法 | 即将出版 |  | 330 |
| IMO 50年.第1卷(1959—1963) | 2014—11 | 28.00 | 377 |
| IMO 50年.第2卷(1964—1968) | 2014—11 | 28.00 | 378 |
| IMO 50年.第3卷(1969—1973) | 2014—09 | 28.00 | 379 |
| IMO 50年.第4卷(1974—1978) | 2016—04 | 38.00 | 380 |
| IMO 50年.第5卷(1979—1984) | 2015—04 | 38.00 | 381 |
| IMO 50年.第6卷(1985—1989) | 2015—04 | 58.00 | 382 |
| IMO 50年.第7卷(1990—1994) | 2016—01 | 48.00 | 383 |
| IMO 50年.第8卷(1995—1999) | 2016—06 | 38.00 | 384 |
| IMO 50年.第9卷(2000—2004) | 2015—04 | 58.00 | 385 |
| IMO 50年.第10卷(2005—2009) | 2016—01 | 48.00 | 386 |
| IMO 50年.第11卷(2010—2015) | 2017—03 | 48.00 | 646 |

# 刘培杰数学工作室
## 已出版(即将出版)图书目录——初等数学

| 书　　名 | 出版时间 | 定　价 | 编号 |
| --- | --- | --- | --- |
| 数学反思(2006—2007) | 即将出版 | | 915 |
| 数学反思(2008—2009) | 2019—01 | 68.00 | 917 |
| 数学反思(2010—2011) | 2018—05 | 58.00 | 916 |
| 数学反思(2012—2013) | 2019—01 | 58.00 | 918 |
| 数学反思(2014—2015) | 2019—03 | 78.00 | 919 |
| 历届美国大学生数学竞赛试题集.第一卷(1938—1949) | 2015—01 | 28.00 | 397 |
| 历届美国大学生数学竞赛试题集.第二卷(1950—1959) | 2015—01 | 28.00 | 398 |
| 历届美国大学生数学竞赛试题集.第三卷(1960—1969) | 2015—01 | 28.00 | 399 |
| 历届美国大学生数学竞赛试题集.第四卷(1970—1979) | 2015—01 | 18.00 | 400 |
| 历届美国大学生数学竞赛试题集.第五卷(1980—1989) | 2015—01 | 28.00 | 401 |
| 历届美国大学生数学竞赛试题集.第六卷(1990—1999) | 2015—01 | 28.00 | 402 |
| 历届美国大学生数学竞赛试题集.第七卷(2000—2009) | 2015—08 | 18.00 | 403 |
| 历届美国大学生数学竞赛试题集.第八卷(2010—2012) | 2015—01 | 18.00 | 404 |
| 新课标高考数学创新题解题诀窍:总论 | 2014—09 | 28.00 | 372 |
| 新课标高考数学创新题解题诀窍:必修1～5分册 | 2014—08 | 38.00 | 373 |
| 新课标高考数学创新题解题诀窍:选修2—1,2—2,1—1,1—2分册 | 2014—09 | 38.00 | 374 |
| 新课标高考数学创新题解题诀窍:选修2—3,4—4,4—5分册 | 2014—09 | 18.00 | 375 |
| 全国重点大学自主招生英文数学试题全攻略:词汇卷 | 2015—07 | 48.00 | 410 |
| 全国重点大学自主招生英文数学试题全攻略:概念卷 | 2015—01 | 28.00 | 411 |
| 全国重点大学自主招生英文数学试题全攻略:文章选读卷(上) | 2016—09 | 38.00 | 412 |
| 全国重点大学自主招生英文数学试题全攻略:文章选读卷(下) | 2017—01 | 58.00 | 413 |
| 全国重点大学自主招生英文数学试题全攻略:试题卷 | 2015—07 | 38.00 | 414 |
| 全国重点大学自主招生英文数学试题全攻略:名著欣赏卷 | 2017—03 | 48.00 | 415 |
| 劳埃德数学趣题大全.题目卷.1:英文 | 2016—01 | 18.00 | 516 |
| 劳埃德数学趣题大全.题目卷.2:英文 | 2016—01 | 18.00 | 517 |
| 劳埃德数学趣题大全.题目卷.3:英文 | 2016—01 | 18.00 | 518 |
| 劳埃德数学趣题大全.题目卷.4:英文 | 2016—01 | 18.00 | 519 |
| 劳埃德数学趣题大全.题目卷.5:英文 | 2016—01 | 18.00 | 520 |
| 劳埃德数学趣题大全.答案卷:英文 | 2016—01 | 18.00 | 521 |
| 李成章教练奥数笔记.第1卷 | 2016—01 | 48.00 | 522 |
| 李成章教练奥数笔记.第2卷 | 2016—01 | 48.00 | 523 |
| 李成章教练奥数笔记.第3卷 | 2016—01 | 38.00 | 524 |
| 李成章教练奥数笔记.第4卷 | 2016—01 | 38.00 | 525 |
| 李成章教练奥数笔记.第5卷 | 2016—01 | 38.00 | 526 |
| 李成章教练奥数笔记.第6卷 | 2016—01 | 38.00 | 527 |
| 李成章教练奥数笔记.第7卷 | 2016—01 | 38.00 | 528 |
| 李成章教练奥数笔记.第8卷 | 2016—01 | 48.00 | 529 |
| 李成章教练奥数笔记.第9卷 | 2016—01 | 28.00 | 530 |

# 刘培杰数学工作室
## 已出版（即将出版）图书目录——初等数学

| 书 名 | 出版时间 | 定 价 | 编号 |
|---|---|---|---|
| 第19～23届"希望杯"全国数学邀请赛试题审题要津详细评注(初一版) | 2014－03 | 28.00 | 333 |
| 第19～23届"希望杯"全国数学邀请赛试题审题要津详细评注(初二、初三版) | 2014－03 | 38.00 | 334 |
| 第19～23届"希望杯"全国数学邀请赛试题审题要津详细评注(高一版) | 2014－03 | 28.00 | 335 |
| 第19～23届"希望杯"全国数学邀请赛试题审题要津详细评注(高二版) | 2014－03 | 38.00 | 336 |
| 第19～25届"希望杯"全国数学邀请赛试题审题要津详细评注(初一版) | 2015－01 | 38.00 | 416 |
| 第19～25届"希望杯"全国数学邀请赛试题审题要津详细评注(初二、初三版) | 2015－01 | 58.00 | 417 |
| 第19～25届"希望杯"全国数学邀请赛试题审题要津详细评注(高一版) | 2015－01 | 48.00 | 418 |
| 第19～25届"希望杯"全国数学邀请赛试题审题要津详细评注(高二版) | 2015－01 | 48.00 | 419 |
| 物理奥林匹克竞赛大题典——力学卷 | 2014－11 | 48.00 | 405 |
| 物理奥林匹克竞赛大题典——热学卷 | 2014－04 | 28.00 | 339 |
| 物理奥林匹克竞赛大题典——电磁学卷 | 2015－07 | 48.00 | 406 |
| 物理奥林匹克竞赛大题典——光学与近代物理卷 | 2014－06 | 28.00 | 345 |
| 历届中国东南地区数学奥林匹克试题集(2004～2012) | 2014－06 | 18.00 | 346 |
| 历届中国西部地区数学奥林匹克试题集(2001～2012) | 2014－07 | 18.00 | 347 |
| 历届中国女子数学奥林匹克试题集(2002～2012) | 2014－08 | 18.00 | 348 |
| 数学奥林匹克在中国 | 2014－06 | 98.00 | 344 |
| 数学奥林匹克问题集 | 2014－01 | 38.00 | 267 |
| 数学奥林匹克不等式散论 | 2010－06 | 38.00 | 124 |
| 数学奥林匹克不等式欣赏 | 2011－09 | 38.00 | 138 |
| 数学奥林匹克超级题库(初中卷上) | 2010－01 | 58.00 | 66 |
| 数学奥林匹克不等式证明方法和技巧(上、下) | 2011－08 | 158.00 | 134,135 |
| 他们学什么:原民主德国中学数学课本 | 2016－09 | 38.00 | 658 |
| 他们学什么:英国中学数学课本 | 2016－09 | 38.00 | 659 |
| 他们学什么:法国中学数学课本.1 | 2016－09 | 38.00 | 660 |
| 他们学什么:法国中学数学课本.2 | 2016－09 | 28.00 | 661 |
| 他们学什么:法国中学数学课本.3 | 2016－09 | 38.00 | 662 |
| 他们学什么:苏联中学数学课本 | 2016－09 | 28.00 | 679 |
| 高中数学题典——集合与简易逻辑·函数 | 2016－07 | 48.00 | 647 |
| 高中数学题典——导数 | 2016－07 | 48.00 | 648 |
| 高中数学题典——三角函数·平面向量 | 2016－07 | 48.00 | 649 |
| 高中数学题典——数列 | 2016－07 | 58.00 | 650 |
| 高中数学题典——不等式·推理与证明 | 2016－07 | 38.00 | 651 |
| 高中数学题典——立体几何 | 2016－07 | 48.00 | 652 |
| 高中数学题典——平面解析几何 | 2016－07 | 78.00 | 653 |
| 高中数学题典——计数原理·统计·概率·复数 | 2016－07 | 48.00 | 654 |
| 高中数学题典——算法·平面几何·初等数论·组合数学·其他 | 2016－07 | 68.00 | 655 |

# 刘培杰数学工作室
## 已出版（即将出版）图书目录——初等数学

| 书　　名 | 出版时间 | 定　价 | 编号 |
|---|---|---|---|
| 台湾地区奥林匹克数学竞赛试题.小学一年级 | 2017—03 | 38.00 | 722 |
| 台湾地区奥林匹克数学竞赛试题.小学二年级 | 2017—03 | 38.00 | 723 |
| 台湾地区奥林匹克数学竞赛试题.小学三年级 | 2017—03 | 38.00 | 724 |
| 台湾地区奥林匹克数学竞赛试题.小学四年级 | 2017—03 | 38.00 | 725 |
| 台湾地区奥林匹克数学竞赛试题.小学五年级 | 2017—03 | 38.00 | 726 |
| 台湾地区奥林匹克数学竞赛试题.小学六年级 | 2017—03 | 38.00 | 727 |
| 台湾地区奥林匹克数学竞赛试题.初中一年级 | 2017—03 | 38.00 | 728 |
| 台湾地区奥林匹克数学竞赛试题.初中二年级 | 2017—03 | 38.00 | 729 |
| 台湾地区奥林匹克数学竞赛试题.初中三年级 | 2017—03 | 28.00 | 730 |
| 不等式证题法 | 2017—04 | 28.00 | 747 |
| 平面几何培优教程 | 即将出版 |  | 748 |
| 奥数鼎级培优教程.高一分册 | 2018—09 | 88.00 | 749 |
| 奥数鼎级培优教程.高二分册.上 | 2018—04 | 68.00 | 750 |
| 奥数鼎级培优教程.高二分册.下 | 2018—04 | 68.00 | 751 |
| 高中数学竞赛冲刺宝典 | 2019—04 | 68.00 | 883 |
| 初中尖子生数学超级题典.实数 | 2017—07 | 58.00 | 792 |
| 初中尖子生数学超级题典.式、方程与不等式 | 2017—08 | 58.00 | 793 |
| 初中尖子生数学超级题典.圆、面积 | 2017—08 | 38.00 | 794 |
| 初中尖子生数学超级题典.函数、逻辑推理 | 2017—08 | 48.00 | 795 |
| 初中尖子生数学超级题典.角、线段、三角形与多边形 | 2017—07 | 58.00 | 796 |
| 数学王子——高斯 | 2018—01 | 48.00 | 858 |
| 坎坷奇星——阿贝尔 | 2018—01 | 48.00 | 859 |
| 闪烁奇星——伽罗瓦 | 2018—01 | 58.00 | 860 |
| 无穷统帅——康托尔 | 2018—01 | 48.00 | 861 |
| 科学公主——柯瓦列夫斯卡娅 | 2018—01 | 48.00 | 862 |
| 抽象代数之母——埃米·诺特 | 2018—01 | 48.00 | 863 |
| 电脑先驱——图灵 | 2018—01 | 58.00 | 864 |
| 昔日神童——维纳 | 2018—01 | 48.00 | 865 |
| 数坛怪侠——爱尔特希 | 2018—01 | 68.00 | 866 |
| 当代世界中的数学.数学思想与数学基础 | 2019—01 | 38.00 | 892 |
| 当代世界中的数学.数学问题 | 2019—01 | 38.00 | 893 |
| 当代世界中的数学.应用数学与数学应用 | 2019—01 | 38.00 | 894 |
| 当代世界中的数学.数学王国的新疆域（一） | 2019—01 | 38.00 | 895 |
| 当代世界中的数学.数学王国的新疆域（二） | 2019—01 | 38.00 | 896 |
| 当代世界中的数学.数林撷英（一） | 2019—01 | 38.00 | 897 |
| 当代世界中的数学.数林撷英（二） | 2019—01 | 48.00 | 898 |
| 当代世界中的数学.数学之路 | 2019—01 | 38.00 | 899 |

# 刘培杰数学工作室
# 已出版(即将出版)图书目录——初等数学

| 书　名 | 出版时间 | 定　价 | 编号 |
| --- | --- | --- | --- |
| 105个代数问题：来自AwesomeMath夏季课程 | 2019—02 | 58.00 | 956 |
| 106个几何问题：来自AwesomeMath夏季课程 | 即将出版 |  | 957 |
| 107个几何问题：来自AwesomeMath全年课程 | 即将出版 |  | 958 |
| 108个代数问题：来自AwesomeMath全年课程 | 2019—01 | 68.00 | 959 |
| 109个不等式：来自AwesomeMath夏季课程 | 2019—04 | 58.00 | 960 |
| 国际数学奥林匹克中的110个几何问题 | 即将出版 |  | 961 |
| 111个代数和数论问题 | 2019—05 | 58.00 | 962 |
| 112个组合问题：来自AwesomeMath夏季课程 | 2019—05 | 58.00 | 963 |
| 113个几何不等式：来自AwesomeMath夏季课程 | 即将出版 |  | 964 |
| 114个指数和对数问题：来自AwesomeMath夏季课程 | 即将出版 |  | 965 |
| 115个三角问题：来自AwesomeMath夏季课程 | 即将出版 |  | 966 |
| 116个代数不等式：来自AwesomeMath全年课程 | 2019—04 | 58.00 | 967 |
| 紫色慧星国际数学竞赛试题 | 2019—02 | 58.00 | 999 |
| 澳大利亚中学数学竞赛试题及解答(初级卷)1978～1984 | 2019—02 | 28.00 | 1002 |
| 澳大利亚中学数学竞赛试题及解答(初级卷)1985～1991 | 2019—02 | 28.00 | 1003 |
| 澳大利亚中学数学竞赛试题及解答(初级卷)1992～1998 | 2019—02 | 28.00 | 1004 |
| 澳大利亚中学数学竞赛试题及解答(初级卷)1999～2005 | 2019—02 | 28.00 | 1005 |
| 澳大利亚中学数学竞赛试题及解答(中级卷)1978～1984 | 2019—03 | 28.00 | 1006 |
| 澳大利亚中学数学竞赛试题及解答(中级卷)1985～1991 | 2019—03 | 28.00 | 1007 |
| 澳大利亚中学数学竞赛试题及解答(中级卷)1992～1998 | 2019—03 | 28.00 | 1008 |
| 澳大利亚中学数学竞赛试题及解答(中级卷)1999～2005 | 2019—03 | 28.00 | 1009 |
| 澳大利亚中学数学竞赛试题及解答(高级卷)1978～1984 | 即将出版 |  | 1010 |
| 澳大利亚中学数学竞赛试题及解答(高级卷)1985～1991 | 即将出版 |  | 1011 |
| 澳大利亚中学数学竞赛试题及解答(高级卷)1992～1998 | 即将出版 |  | 1012 |
| 澳大利亚中学数学竞赛试题及解答(高级卷)1999～2005 | 即将出版 |  | 1013 |
| 天才中小学生智力测验题.第一卷 | 2019—03 | 38.00 | 1026 |
| 天才中小学生智力测验题.第二卷 | 2019—03 | 38.00 | 1027 |
| 天才中小学生智力测验题.第三卷 | 2019—03 | 38.00 | 1028 |
| 天才中小学生智力测验题.第四卷 | 2019—03 | 38.00 | 1029 |
| 天才中小学生智力测验题.第五卷 | 2019—03 | 38.00 | 1030 |
| 天才中小学生智力测验题.第六卷 | 2019—03 | 38.00 | 1031 |
| 天才中小学生智力测验题.第七卷 | 2019—03 | 38.00 | 1032 |
| 天才中小学生智力测验题.第八卷 | 2019—03 | 38.00 | 1033 |
| 天才中小学生智力测验题.第九卷 | 2019—03 | 38.00 | 1034 |
| 天才中小学生智力测验题.第十卷 | 2019—03 | 38.00 | 1035 |
| 天才中小学生智力测验题.第十一卷 | 2019—03 | 38.00 | 1036 |
| 天才中小学生智力测验题.第十二卷 | 2019—03 | 38.00 | 1037 |
| 天才中小学生智力测验题.第十三卷 | 2019—03 | 38.00 | 1038 |

# 刘培杰数学工作室
# 已出版(即将出版)图书目录——初等数学

| 书　名 | 出版时间 | 定　价 | 编号 |
|---|---|---|---|
| 重点大学自主招生数学备考全书:函数 | 即将出版 | | 1047 |
| 重点大学自主招生数学备考全书:导数 | 即将出版 | | 1048 |
| 重点大学自主招生数学备考全书:数列与不等式 | 即将出版 | | 1049 |
| 重点大学自主招生数学备考全书:三角函数与平面向量 | 即将出版 | | 1050 |
| 重点大学自主招生数学备考全书:平面解析几何 | 即将出版 | | 1051 |
| 重点大学自主招生数学备考全书:立体几何与平面几何 | 即将出版 | | 1052 |
| 重点大学自主招生数学备考全书:排列组合.概率统计.复数 | 即将出版 | | 1053 |
| 重点大学自主招生数学备考全书:初等数论与组合数学 | 即将出版 | | 1054 |
| 重点大学自主招生数学备考全书:重点大学自主招生真题.上 | 2019—04 | 68.00 | 1055 |
| 重点大学自主招生数学备考全书:重点大学自主招生真题.下 | 2019—04 | 58.00 | 1056 |

**联系地址**:哈尔滨市南岗区复华四道街10号　哈尔滨工业大学出版社刘培杰数学工作室
**网　　址**:http://lpj.hit.edu.cn/
**邮　　编**:150006
**联系电话**:0451－86281378　　　13904613167
E-mail:lpj1378@163.com